*à Gyp,
respectueux hommage
Pierre Loti*

JAPONERIES D'AUTOMNE

CALMANN LÉVY, ÉDITEUR

DU MÊME AUTEUR

Format grand in-18

AZIYADÉ..	1 vol.
FLEURS D'ENNUI.....................................	1 —
LE MARIAGE DE LOTI.............................	1 —
MON FRÈRE YVES...................................	1 —
LE ROMAN D'UN SPAHI..........................	1 —
PÊCHEUR D'ISLANDE..............................	1 —
PROPOS D'EXIL.......................................	1 —

Format petit in-8°

LES TROIS DAMES DE LA KASBAH............... 1 vol.

Format in-8° cavalier

MADAME CHRYSANTHÈME, imprimé sur magnifique vélin et illustré d'un grand nombre d'aquarelles et de vignettes, par ROSSI et MYRBACH............. 1 vol.

Imprimeries réunies, B, rue Mignon, 2.

JAPONERIES
D'AUTOMNE

PAR

PIERRE LOTI

PARIS
CALMANN LÉVY, ÉDITEUR
ANCIENNE MAISON MICHEL LÉVY FRÈRES
3, RUE AUBER, 3

1889
Droits de reproduction et de traduction réservés.

1977-440

JAPONERIES D'AUTOMNE

KIOTO, LA VILLE SAINTE

A Edmond de Goncourt.

Jusqu'à ces dernières années, elle était inaccessible aux Européens, mystérieuse; à présent, voici qu'on y va en chemin de fer; autant dire qu'elle est banalisée, déchue, finie.

C'est de Kobé qu'on peut s'y rendre par des trains presque rapides, et Kobé est un grand port, situé à l'entrée de la mer Intérieure et ouvert à tous les navires du monde.

DÉPART DE KOBÉ

I

Départ du bord un peu avant le jour, car la frégate qui m'a amené est mouillée bien loin de terre. Sur rade, un ciel clair et froid avec de dernières étoiles. Beaucoup de brise debout, et mon canot avance péniblement, tout aspergé d'eau salée.

A cette heure, le quai de Kobé est encore un peu obscur, désert, avec seulement quelques rôdeurs en quête d'imprévu. Pour aller au chemin de fer, il faut traverser le quartier cosmopolite des cabarets et des tavernes; c'est au tout petit jour, frais et pur. Les bouges s'ouvrent; on voit, au fond, des lampes qui brûlent; on y entend chanter la *Marseillaise*, le *God save*, l'air national américain. Tous les matelots « permissionnaires » sont là, s'éveillant pour rentrer à bord. En route, j'en croise des nôtres qui reviennent, leur nuit finie, se carrant comme des seigneurs dans leur *djin-richi-cha*[1]. Incertains de me reconnaître dans la demi-obscurité, ils m'ôtent leur bonnet au passage.

Au bout de ces rues joyeuses, c'est la gare. Le jour se lève. Un drôle de petit chemin de fer, qui n'a pas l'air sérieux, qui fait l'effet d'une chose pour rire, comme toutes les choses japonaises. Ça existe cependant, cela part et cela marche.

Au guichet, on examine avec soin mon passeport, qui serait presque un *bibelot* tant il y a dessus de petits griffonnages drôles. Il est en règle et on me délivre mon billet. Très peu de monde; c'est surtout le public des troisièmes qui donne, et dans ma voiture me voilà installé seul.

Cela s'ébranle à tous ces bruits connus de sifflets, de cloches, de vapeur, qui se font au Japon comme en France, et nous sommes en route.

1. *Djin-richi-cha*, petite voiture à une place, traînée par un homme coureur.

II

Des campagnes fraîches et fertiles traversées au soleil du matin, d'un beau matin d'automne. Tout est extrêmement cultivé et encore vert : champs de maïs, champs de riz, champs d'ignames avec ces grandes feuilles ornementales très connues sur nos squares. Dans ces champs, beaucoup de monde qui travaille. C'est en plaine toujours, seulement on longe des chaînes de hautes montagnes boisées ; en fermant un peu les yeux, on dirait l'Europe, le Dauphiné, par exemple, avec les Alpes à l'horizon.

Il y a dans le vert des prairies une profusion de fleurs rouges, espèce de liliacées de marais aux pétales minces et frisés ressemblant à des panaches d'autruches. Dans toutes les petites rigoles qui entourent en carré les champs de riz, ces fleurs abondent, formant partout comme d'élégantes bordures de plumes.

Petites stations à noms bizarres; à côté des bâtisses du chemin de fer, à côté des tuyaux et des machines apparaissent, très surprenants, des vieux temples à toit courbe, avec leurs arbres sacrés, leurs pylônes de granit, leurs monstres.

Il est disparate, hétérogène, invraisemblable, ce Japon, avec son immobilité de quinze ou vingt siècles et, tout à coup, son engouement pour les choses modernes qui l'a pris comme un vertige.

La première grande ville sur la route, c'est Oasaka, où l'on s'arrête. Ville marchande; peu de temples, des milliers de petites rues tracées d'équerre, des canaux comme à Venise, des bazars de bronze et de porcelaine; une fourmilière en mouvement.

D'Oasaka à Kioto, mêmes campagnes vertes, mêmes cultures plantureuses, mêmes chaînes de montagnes boisées. C'est monotone et le sommeil me vient.

A l'avant-dernière des stations, monte dans mon compartiment, avec de gracieuses révérences, une vieille dame du monde comme il faut, qui semble échappée d'un écran à personnages. Dents laquées de noir, sourcils rasés soigneusement; robe de soie brune avec des cigognes brochées; grandes épingles d'écaille piquées dans les cheveux rares. Quelques mots aimables s'échangent entre nous en langue japonaise, et puis je m'endors.

IV

Kioto ! C'est la vieille dame qui me réveille, très souriante, en me frappant sur les genoux.

— *Okini arigato, okami-san !* (Grand merci, madame !) et je saute à terre, un peu ahuri au sortir de ce sommeil.

Alors me voilà assailli par la pléiade des *djin-richi-san* [1]. Étant le seul en costume européen parmi cette foule qui débarque, je deviens leur point de mire à tous. (A bord, nous avons coutume de dire simplement des *djin* ; c'est plus bref et cela va bien à ces hommes coureurs,

---

1. *Djin-richi-san,* homme qui traîne la *djin-richi-cha.*

toujours en mouvement rapide comme des diablotins.)

C'est à qui m'emportera, on se dispute et on se pousse. Mon Dieu, cela m'est égal à moi, je n'ai aucune préférence, et je me jette dans la première voiture venue. Mais ils sont cinq qui se précipitent, pour s'atteler devant, s'atteler en côté, pousser par derrière... Ah! non, c'est beaucoup trop, et deux me suffisent. Il faut parlementer longtemps en ayant l'air de se fâcher, pour se débarrasser des autres. A la fin c'est compris : un *djin*, entre les brancards, un *djin* attelé en flèche par une longue bande d'étoffe blanche, et nous partons comme le vent.

Quelle immense ville, ce Kioto, occupant avec ses parcs, ses palais, ses pagodes, presque l'emplacement de Paris. Bâtie tout en plaine, mais entourée de hautes montagnes comme pour plus de mystère.

Nous courons, nous courons, au milieu d'un dédale de petites rues à maisonnettes de bois, basses et noirâtres. Un air de ville abandonnée. C'est bien du vrai Japon par exemple, et rien ne détonne nulle part. Moi seul je fais tache, car on se retourne pour me voir.

— *Ha! ha! ho! hu!* Les *djin* poussent des cris de bête pour s'exciter et écarter les passants. Assez dangereuse, cette manière de circuler dans un tout petit char d'une légèreté excessive, emporté par des gens qui courent, qui courent à toutes jambes. Cela bondit sur les pierres, cela s'incline dans les tournants brusques, cela accroche ou renverse des gens ou des choses. Dans certaine avenue très large, il y a un torrent qui roule, encaissé entre deux talus à pic, et tout au ras du bord nous passons ventre à terre. A toute minute, je me vois tomber là dedans.

Une demi-heure de course folle pour arriver à l'hôtel Yaâmi dont j'ai donné l'adresse à mes *djin*. C'est, paraît-il, un vrai hôtel, tout neuf, qu'un Japonais vient de monter à la manière anglaise, pour loger les aimables voyageurs venus d'Occident. Et il faut bien aller là pour trouver quelque chose à manger, la cuisine japonaise pouvant servir d'amusement tout au plus.

Il est situé d'une façon charmante, à cinquante

mètres de haut dans les montagnes qui entourent la ville, parmi les jardins et les bois. On y monte par des escaliers fort mignons, par des pentes sablées avec bordure de rocailles et de fleurs, tout cela trop joli, trop arrangé, trop paysage de potiche, mais très riant, très frais.

L'hôte, en longue robe bleue, me reçoit au perron avec des révérences infinies. A l'intérieur, tout est neuf, aéré, soigné, élégant : des boiseries blanches et légères, d'un travail parfait. Dans ma chambre on m'apporte tant d'eau claire que j'en puisse désirer pour mes ablutions; mais cela se passe sans le moindre mystère; porte ouverte, l'hôte, les garçons, les servantes, entrent pour m'aider et pour me voir; de plus, les fenêtres donnent sur le jardin d'une maison voisine, et là, deux dames nippones qui se promenaient dans des allées en miniature s'arrêtent pour regarder aussi.

Un premier repas léger, servi tout à fait à l'anglaise, avec accompagnement de thé et de tartines beurrées, et puis je fais comparaître deux *djin* que je loue au prix fixé de *soixante-quinze sous* par tête et par jour; pour cette somme-là ils courront du matin au soir à ma fantaisie, sans s'essouffler ni gémir, en m'entraînant avec eux.

Ces courses en *djin* sont un des souvenirs qui restent, de ces journées de Kioto où l'on se dépêche pour voir et faire tant de choses. Emporté deux fois vite comme par un cheval au trot, on sautille d'ornière en ornière, on bouscule des foules, on franchit des petits ponts croulants, on se trouve voyageant seul à travers des quartiers déserts. Même on monte des escaliers et on en descend; alors, à chaque marche, pouf, pouf, pouf, on tressaute sur son siège, on fait la paume. A la fin, le soir, un ahurissement vous vient, et on voit défiler les choses comme dans un kaléidoscope remué trop vite, dont les changements fatigueraient la vue.

Comme c'est inégal, changeant, bizarre, ce Kioto! Des rues encore bruyantes, encombrées de *djin*, de piétons, de vendeurs, d'affiches bariolées, d'oriflammes extravagantes qui flottent au vent. Tantôt on court au milieu du bruit et des cris; tantôt c'est dans le silence des choses abandonnées, parmi les débris d'un grand passé mort. On est au milieu des étalages miroitants, des étoffes et des porcelaines; ou bien on approche des grands temples, et les marchands d'idoles ouvrent seuls leurs boutiques pleines d'inimaginables figures; ou bien encore on a la surprise d'entrer brusquement sous un bois de bambous, aux tiges prodigieusement hautes, serrées, frêles, donnant l'impression d'être devenu un infime insecte qui circulerait sous les graminées fines de nos champs au mois de juin.

Et quel immense capharnaüm religieux, quel gigantesque sanctuaire d'adoration que ce Kioto des anciens empereurs ! Trois mille temples où dorment d'incalculables richesses, consacrées à toutes sortes de dieux, de déesses ou de bêtes. Des palais vides et silencieux, où l'on traverse pieds nus des séries de salles tout en laque d'or, décorées avec une étrangeté rare et exquise. Des bois sacrés aux arbres centenaires, dont les avenues sont bordées d'une légion de monstres, en granit, en marbre ou en bronze.

IV

Pour voir de haut se déployer cet ensemble, le matin au gai soleil de neuf heures, je monte sur une tour, comme jadis madame Marlborough; — c'est la tour d'Yasaka; — elle ressemble à ces pagodes à étapes multiples comme on en voit sur le dos des éléphants de bronze où les Chinois brûlent de l'encens. A l'étage inférieur, au rez-de-chaussée, c'est arrangé en temple : de grands bouddhas dorés, perdus de vétusté et de poussière, des lanternes, des vases sacrés avec des bouquets de lotus.

Deux vieilles femmes, les gardiennes, me réclament un sou d'entrée, un sou nippon naturellement, marqué d'un chrysanthème et d'un monstre. Ensuite, avec un geste aimable :

— Tu peux monter, disent-elles, sans être accompagné, nous avons confiance, voici le trou par où l'on passe.

Et je commence à grimper, enchanté d'être seul, par des séries d'échelles droites ayant pour rampes des bambous que les mains humaines ont longuement polis. La tour est en bois, comme toutes les constructions japonaises ; les poutres antiques sont littéralement couvertes, du bas jusqu'en haut, d'inscriptions à l'encre de Chine : les réflexions des visiteurs, sans doute, mais je ne sais pas les lire et c'est dommage, il doit y en avoir de si précieuses !

A l'étage supérieur, une *armoire-à-bouddha* dans un coin. Je l'ouvre, pour regarder le dieu qui l'habite : il paraît très âgé et caduc, affaissé dans son lotus, avec un sourire mystérieux sous une couche de poussière.

De cette galerie d'en haut, on voit, comme en planant, la ville immense, étendue en fourmilière sur la plaine unie, avec son enceinte de hautes montagnes où les bois de pins et de bambous jettent une admirable teinte verte. Au premier coup d'œil on dirait presque une ville d'Europe; des millions de petits toits avec des tuiles d'un gris sombre, qui jouent les ardoises de nos villes du Nord; çà et là des rues droites, faisant des lignes claires au milieu de cette couche de choses noirâtres. On cherche malgré soi des églises, des clochers; mais non, rien de tout cela; au contraire, une note étrange et lointaine donnée par ces hautes toitures monumentales, trop grandes, trop bizarrement contournées, qui surgissent au milieu des maisonnettes basses, et qui sont des palais ou des pagodes. Aucun bruit ne monte jusqu'à moi, de la vieille capitale religieuse; de si haut, on la dirait tout à fait morte. Un beau soleil tranquille l'éclaire, et on voit flotter dessus, comme un voile, la brume légère des matins d'automne.

V

Le temple de Kio-Midzou, — un des plus beaux et des plus vénérés. — Il est, suivant l'usage, un peu perché dans la montagne, entouré de la belle verdure des bois. — Les rues par lesquelles on y monte sont assez désertes. — Les abords en sont occupés surtout par les marchands de porcelaine dont les étalages innombrables miroitent de vernis et de dorures. Personne dans les boutiques, personne dehors à les regarder. — Ces rues ne se peuplent qu'à certains jours de pèlerinage et de fête ; aujourd'hui on dirait d'une grande exposition ne trouvant plus de visiteurs.

A mesure que l'on approche en s'élevant toujours, les marchands de porcelaine font place aux marchands d'idoles, étalages plus étranges. Des milliers de figures de dieux, de monstres, sinistres, méchantes, moqueuses ou grotesques; il y en a d'énormes et de très vieilles, échappées des vieux temples démolis, et qui coûtent fort cher; surtout il y en a d'innombrables en terre et en plâtre, débordant jusque sur le pavé, à un sou et même à moins, tout à fait gaies et comiques, à l'usage des petits enfants. Où finit le dieu, où commence le joujou? Les Japonais eux-mêmes le savent-ils?

Les marches deviennent vraiment trop rapides, et je mets pied à terre, bien que mes *djin* affirment que ça ne fait rien, que cette rue peut parfaitement se monter en voiture. A la fin, voici un vrai escalier en granit, monumental, au haut duquel se dresse le premier portique monstrueux du temple.

D'abord on entre dans de grandes cours en terrasse d'où la vue plane de haut sur la ville sainte; des arbres séculaires y étendent leurs branches, au dessus d'un pêle-mêle de tombes, de monstres, de kiosques religieux, et de boutiques de thé enguirlandées. Des petits temples secondaires, remplis d'idoles, sont posés çà et là au hasard. Et les deux grands apparaissent au fond, écrasant tout de leurs toitures énormes.

Une eau miraculeuse, que l'on vient boire de très loin, arrive claire et fraîche de la montagne, vomie dans un bassin par une chimère de bronze, hérissée, griffue, furieuse, enroulée sur elle-même comme prête à bondir.

Dans ces grands temples du fond, on est saisi dès l'entrée par un sentiment inattendu qui touche à l'horreur religieuse : les dieux apparaissent, dans un recul dont l'obscurité augmente la profondeur. Une série de barrières empêchent de profaner la région qu'ils habitent et dans laquelle brûlent des lampes à lumière voilée. On les aperçoit assis sur des gradins, dans des chaises, dans des trônes d'or. Des Bouddha, des Amidha, des Kwanon, des Benten, un pêle-mêle de symboles et d'emblèmes, jusqu'aux miroirs du culte shintoïste qui représentent la vérité; tout cela donnant l'idée de l'effrayant chaos des théogonies japonaises. Devant eux sont amoncelées des richesses inouïes : brûle-parfums gigantesques, de formes antiques ; lampadaires merveilleux ; vases sacrés d'où s'échappent en gerbe des lotus d'argent ou d'or. De la voûte du temple descendent une profusion de bannières brodées, de lanternes, d'énormes girandoles de cuivre et de bronze, serrées jusqu'à se toucher, dans un extravagant fouillis. Mais le temps a jeté sur toutes ces choses une teinte légèrement grise qui est comme un adoucissement, comme un coup de blaireau pour les harmoniser. Les colonnes massives, à soubassement de bronze, sont usées jusqu'à hauteur humaine par le frôlement des générations éteintes qui sont venues là prier ; tout l'ensemble rejette l'esprit très loin dans les époques passées.

Des groupes d'hommes et de femmes défilent pieds nus devant les idoles, l'air inattentif et léger ; ils disent des prières cependant, en claquant des mains pour appeler l'attention des Esprits ; et puis s'en vont s'asseoir sous les tentes des vendeurs de thé, pour fumer et pour rire.

Le second temple est semblable au premier :

même entassement de choses précieuses, même vétusté, même pénombre; seulement il a cette particularité plus étrange d'être bâti en porte à faux, suspendu au dessus d'un précipice; ce sont des pilotis prodigieux qui depuis des siècles le soutiennent en l'air. En y entrant, on ne s'en doute pas, mais quand on arrive au bout, à la véranda du fond, on se penche avec surprise, pour plonger les yeux dans le gouffre de verdure que l'on surplombe : des bois de bambous, d'une délicieuse fraîcheur et vus par en dessus en raccourcis fuyants. On est là comme au balcon de quelque gigantesque demeure aérienne.

D'en bas montent des bruits très gais d'eau jaillissante et d'éclats de rire. C'est qu'il y a là cinq sources miraculeuses, ayant le don de rendre mères les jeunes mariées, et un groupe de femmes s'est installé à l'ombre pour en boire.

C'est joli et singulier, un bois uniquement composé de ces bambous du Japon. Ainsi vu par en dessus cela paraît une série d'immenses plumes régulières et pareilles, teintes du même beau vert nuancé qui s'éclaircirait vers les pointes; et le tout est si léger, qu'au moindre souffle cela s'agite et tremble. Et ces femmes, au fond de ce puits de verdure, ont l'air de petites fées nippones avec leurs tuniques aux couleurs éclatantes bizarrement combinées, avec leurs hautes coiffures piquées d'épingles et de fleurs.

Ces choses fraîches à regarder sont un repos inattendu, après tous ces dieux terribles que l'on vient de voir à la lueur des lampes, et qu'on sent toujours là, derrière soi, alignés dans les sanctuaires obscurs.

VI

A l'hôtel Yaâmi, les repas sont ordonnés d'une manière très correctement britannique : morceaux de pain minuscules, rôtis tout rouges et pommes de terre bouillies.

Du reste, les seuls voyageurs en ce moment sont quatre touristes anglais, deux gentlemen grisonnants, aux allures comme il faut, et deux misses d'un âge mûr. Hautes de six pieds, et d'une extrême laideur, elles sont habillées dans des espèces de guérites en mousseline blanche qui laissent saillir tout autour de leur taille des baleines rétives. A mes yeux déjà habitués aux gentilles guenons japonaises, elles apparaissent comme deux grands singes mâles qu'on aurait costumés pour quelque représentation à la foire.

Il y a pour moi dans cet hôtel une heure assez charmante ; c'est après le dîner de midi quand je suis seul assis sous la véranda d'où l'on domine la ville, fumant une cigarette dans un demi-sommeil de l'esprit. Au premier plan est le jardin, avec son labyrinthe en miniature, ses toutes petites rocailles, son tout petit lac, ses arbustes nains, dont les uns ont des feuilles, les autres des fleurs seulement, toujours comme dans les paysages sur porcelaine. Par-dessus ces gentilles choses, maniérées à la japonaise, se déploie dans les grands lointains toute la ville aux milliers de toits noirs, avec ses palais, ses temples, sa ceinture de montagnes bleuâtres. Toujours la légère vapeur blanche de l'automne flottant dans l'air, et le tiède soleil éclairant tout de sa lumière pure. Et la campagne toute remplie de la musique éternelle des cigales.

Mon Dieu ! voici les deux misses échappées de leur appartement qui viennent folâtrer dans les allées du jardin, avec des gaietés enfantines de babies et des grâces d'orang-outang! Ah! non, alors, la position n'est plus tenable ici.

— Monsieur Yaâmi, je vous en prie, qu'on fasse vite avancer mes *djin*, et en route... pour le palais de Taïko-Sama!

Pour la dix ou vingtième fois nous devons traverser ce large torrent qui coupe en deux la ville. (En ce moment, il est à peu près desséché, étalant au soleil son grand lit de cailloux.)

Mais celui des ponts de bois que nous voulions prendre aujoud'hui vient précisément de s'écrouler en son milieu. Alors il faut descendre, par une échelle improvisée, dans ce lit du fleuve, tandis que mes *djin* me suivent portant ma voiture sur leurs épaules. Du reste, une quantité de *djin* qui couraient par derrière nous, traînant des dames de qualité, imitent notre manœuvre et voici les belles passant à gué, troussées, trébuchant sur leurs hautes chaussures de bois, avec un grand tapage d'exclamations et d'éclats de rire.

Sur l'autre rive, un grouillement de pauvres et une affreuse pouillerie. C'est la foire des marchands à la toilette; c'est la friperie, la guenille. Des deux côtés de la rue sont entassées sur les pavés d'incroyables loques, traînées, déchirées, sordides, quelques-unes ayant été somptueuses, et encore éclatantes; vieux matelas, vieilles couvertures, vieilles chaussettes à doigts de pieds séparés; belles ceintures de dames, en satin multicolore, belles robes de soie brodées de cigognes, de papillons, de fleurs; un vieux chapeau haut de forme européen, qui a dû avoir un roman bien semé d'aventures, est même là à vendre, affaissé sur ces débris japonais. Il y aurait peut-être des trouvailles à faire, mais c'est repoussant à fouiller. Passons vite, tout cela sent la race jaune, la moisissure et la mort.

Après, viennent des revendeurs de ferrailles : un pêle-mêle d'ustensiles baroques, où gisent même, dans la poussière grise, de vieilles lampes de pagodes et des colliers d'idoles. Les dames de qualité, qui sont aussi remontées en voiture, courent derrière moi; j'ai l'air de traîner ce sérail à ma suite et, en file indienne, nous traversons à toutes jambes cet immense bric-à-brac.

Les rues s'élargissent, les quartiers changent d'aspect. Maintenant ce sont des avenues larges plantées d'arbres, des places. Et voici le palais de Taïko-Sama qui montre au-dessus de la verdure ses hauts toits sombres et superbes.

Une enceinte de grands murs. Mes *djin* s'arrêtent devant un premier portique d'un style ancien sévère et religieux : colonnes massives à base de bronze; frise droite, sculptée d'ornements étranges; toiture lourde et énorme.

Alors je pénètre à pied dans de vastes cours désertes, plantées d'arbres séculaires, dont on a étayé les branches comme on met des béquilles aux membres des vieillards. Les immenses bâtiments du palais m'apparaissent d'abord dans une espèce de désordre où ne se démêle aucun plan d'ensemble. Partout de ces hautes toitures monumentales, écrasantes, dont les angles se relèvent en courbes chinoises et se hérissent d'ornements noirs.

Ne voyant personne, je me dirige au hasard.

Ici s'arrête absolument le sourire, inséparable du Japon moderne. J'ai l'impression de pénétrer dans le silence d'un passé incompréhensible, dans la splendeur morte d'une civilisation dont l'architecture, le dessin, l'esthétique me sont tout à fait étrangers et inconnus.

Un bonze gardien qui m'a aperçu se dirige vers moi en faisant la révérence, puis me demande mon nom et mon passeport.

C'est très bien : il va me faire visiter lui-même le palais entier à condition que je veuille bien me déchausser et ôter mon chapeau. Il m'apporte même des sandales en velours, qui sont à l'usage des visiteurs. Merci, je préfère marcher pieds nus comme lui, et nous commençons notre promenade silencieuse dans une interminable série de salles tout en laque d'or, décorées avec une étrangeté rare et exquise.

Par terre, c'est toujours et partout cette éternelle couche de nattes blanches, qu'on retrouve aussi simple, aussi soignée, aussi propre, chez les empereurs, dans les temples, chez les bourgeois et chez les pauvres. Aucun meuble nulle part, c'est chose inconnue au Japon, ou peu s'en faut; le palais entièrement vide. Toute la surprenante magnificence est aux murailles et aux voûtes. La précieuse laque d'or s'étale uniformément partout, et sur ce fond d'aspect byzantin tous les artistes célèbres du grand siècle japonais ont peint des choses inimitables. Chaque salle a été décorée par un peintre différent, et illustre, dont le bonze me cite le nom avec respect. Dans l'une, ce sont toutes les fleurs connues; dans l'autre, tous les oiseaux du ciel, toutes les bêtes de la terre; ou bien des chasses et des combats, où l'on voit des guerriers, couverts d'armures et de masques effrayants, poursuivre à cheval des monstres et des chimères. La plus bizarre assurément n'est décorée que d'éventails : des éventails de toutes les formes, de toutes les couleurs, déployés, fermés, à demi ouverts, jetés avec une grâce extrême sur la fine laque d'or. Les plafonds, également laqués d'or, sont à caissons, peints avec le même soin, avec le même art. Ce qu'il y a de plus merveilleux peut-être, c'est cette série de hautes frises ajourées qui règne autour de tous les plafonds; on songe aux générations patientes d'ouvriers qui ont dû s'user pour sculpter dans de telles épaisseurs de bois ces choses délicates, presque transparentes : tantôt ce sont des buissons de roses, tantôt des enlacements de glycines, ou des gerbes de riz; ailleurs des vols de cigognes qui semblent fendre l'air à toute vitesse, formant avec leurs milliers de pattes, de cous tendus, de plumes, un enchevêtrement si bien combiné, que tout cela vit, détale, que rien ne traîne ni ne s'embrouille.

Dans ce palais, qui n'a aucune fenêtre, il fait sombre; une demi-obscurité favorable aux enchantements. La plupart de ces salles reçoivent une lumière frisante par les vérandas du dehors, sur lesquelles un de leurs quatre côtés, composé seulement de colonnes laquées, est complètement ouvert; c'est l'éclairage des hangars profonds, des halles. Les appartements intérieurs, plus mystérieux, s'ouvrent sur les premiers par d'autres colonnades semblables, et en reçoivent une lumière plus atténuée encore; ils peuvent être fermés à volonté par des stores de bambou d'une finesse extrême, dont le tissu imite par transparence les dessins de la moire, et que relèvent aux plafonds d'énormes glands de soie rouge. Ils communiquent entre eux par des espèces de portiques dont les formes sont inusitées et imprévues : tantôt des cercles parfaits dans lesquels on passe debout comme dans de grandes chatières; tantôt des figures plus compliquées, des hexagones ou des étoiles. Et toutes ces ouvertures secondaires ont des encadrements de laque noire qui tranchent avec une élégance distinguée sur le ton général des ors, et que renforcent à tous les angles des ornements de bronze merveilleusement ciselés par des orfèvres d'autrefois.

Les siècles aussi se sont chargés d'embellir ce palais, en voilant un peu l'éclat des choses, en fondant tous ces ensembles d'or dans une sorte d'effacement très doux; avec ce silence et cette solitude, on dirait la demeure enchantée de quelque « Belle au bois dormant », princesse d'un monde inconnu, d'une planète qui ne serait pas la nôtre.

Nous passons devant des petits jardins intérieurs qui sont, suivant l'usage japonais, des réductions en miniature de sites très sauvages. Contrastes inattendus au milieu de ce palais d'or. Là encore le temps a passé, verdissant les petits rochers, les petits lacs, les petits abîmes; effritant les petites montagnes, donnant un air réel à tout cela qui est minuscule et factice. Les arbres, créés nains par je ne sais quel procédé japonais, n'ont pas pu grandir; mais ils ont pris un air de vétusté extrême. Les cycas sont devenus à plusieurs branches, à force d'être centenaires; on dirait des petits palmiers à tronc multiple, des plantes antédiluviennes; ou plutôt de massifs candélabres noirs, dont chaque bras porterait à son extrémité un frais bouquet de plumes vertes.

Ce qui surprend aussi, c'est l'appartement particulier qu'avait choisi ce Taïko-Sama, qui fut un grand conquérant et un grand empereur. C'est très petit, très simple, et cela donne sur le plus mignon, le plus maniéré de tous les jardinets.

La salle des réceptions, qu'on me montre une des dernières, est la plus vaste et la plus magnifique. Environ cinquante mètres de profondeur et, naturellement, toute en laque d'or, avec une haute frise merveilleuse. Toujours pas de meubles; rien que les étagères de laque sur lesquelles les beaux seigneurs, en arrivant, déposaient leurs armes. Au fond, derrière une colonnade, l'estrade où, à l'époque déjà reculée de notre Henri IV, Taïko-Sama donnait ses audiences. Alors on songe à ces réceptions, à ces entrées de seigneurs étincelants dont les casques étaient surmontés de cornes, de muffles, d'épouvantails ; à tout le cérémonial inouï de cette cour. On y songe, à tout cela, mais on ne le voit pas bien revivre. Non seulement c'est trop loin dans le temps, mais surtout c'est trop loin dans l'échelonnement des races de la Terre ; c'est trop en dehors de nos conceptions à nous et de toutes les notions héréditaires que nous avons reçues sur les choses. Il en est de même dans les vieux temples de ce pays ; nous regardons sans bien comprendre, les symboles nous échappent. Entre ce Japon et nous, les différences des origines premières creusent un grand abîme.

— Nous allons traverser encore une autre salle, me dit le bonze, et ensuite une série de couloirs qui nous mèneront au temple du palais.

Dans cette dernière salle, il y a du monde, ce

qui est une surprise, toutes les précédentes étant vides; mais le silence reste le même. Des gens accroupis tout autour des murailles paraissent très occupés à écrire : ce sont des prêtres qui copient des prières, avec des petits pinceaux, sur des feuilles de riz, pour les vendre au peuple. Ici, sur les fonds d'or des murailles, toutes les peintures représentent des tigres royaux un peu plus grands que nature, dans toutes les positions de la fureur, du guet, de la course, de la câlinerie ou du sommeil. Au-dessus des bonzes immobiles ils dressent leurs grosses têtes expressives et méchantes, montrant leurs crocs aigus.

Mon guide salue en entrant. Comme je suis chez le peuple le plus poli de la terre, je me crois obligé de saluer aussi. Alors la révérence qui m'est rendue se propage en traînée tout autour de la salle, et nous passons.

Des couloirs encombrés de manuscrits, de ballots de prières, et nous voici dans le temple. Il est, comme je m'y étais attendu, d'une grande magnificence. Murailles, voûtes, colonnes, tout est en laque d'or, la haute frise représente des feuillages et des bouquets d'énormes pivoines très épanouies, sculptées avec tant de finesse qu'on les dirait prêtes à s'effeuiller au moindre souffle, à tomber en pluie dorée sur le sol. Derrière une colonnade, dans la partie sombre, se tiennent les idoles, les emblèmes, au milieu de toute la richesse amoncelée des vases sacrés, des brûle-parfums et des lampadaires.

Justement c'est l'heure de l'office (culte bouddhique). Dans une des cours, une cloche, aux sons graves de contrebasse, commence à tinter avec une extrême lenteur. Des bonzes, en robe de gaze noire avec surplis vert, font une entrée rituelle dont les passes sont très compliquées, puis viennent s'accroupir au milieu du sanctuaire. Il y a peu de fidèles; à peine deux ou trois groupes, qui paraissent perdus dans ce grand temple. Ce sont des femmes, étendues sur les nattes; ayant apporté leurs petites boîtes à fumer, leurs petites pipes, elles causent tout bas, étouffant des envies de rire.

Cependant la cloche commence à tinter plus vite et les prêtres à faire de grands saluts à leurs dieux. Plus vite encore, les vibrations du bronze se précipitent, tandis que les prêtres se prosternent tout à fait la face contre terre.

Alors, dans les régions mystiques, quelque chose se passe qui me paraît ressembler beaucoup à l'élévation de la messe dans le culte romain. En dehors, la cloche, comme exaspérée, sonne à coups rapides, ininterrompus, frénétiques.

Je crois bien que j'ai tout vu maintenant dans ce palais; mais je continue à n'avoir pas compris l'agencement des salles, le plan d'ensemble. Seul, je me perdrais là dedans comme dans un labyrinthe.

Heureusement, mon guide va me reconduire, après m'avoir rechaussé lui-même. A travers de nouvelles cours silencieuses, en passant auprès d'un vieil arbre gigantesque, qui est miraculeux, paraît-il, et qui depuis plusieurs siècles protège ce palais contre les incendies, il me ramène à cette même porte par laquelle je suis entré, et où mes *djin* m'attendent.

Je me fais conduire au Gos-Sho, l'ancien palais impérial que les Mikados ont délaissé. C'est très loin au milieu d'esplanades désertes, de terrains vagues. Mais cette interminable muraille massive, inclinée comme un rempart, me tente beaucoup à franchir.

Là, comme je le craignais, avec mille formes aimables, on me refuse l'entrée. C'est à peu près interdit en tout temps, m'assure-t-on. En ce moment surtout c'est impossible : on se hâte de faire de grands préparatifs pour recevoir la vieille impératrice mère, qui veut revenir dans sa capitale d'autrefois.

Quel dommage en vérité de ne pouvoir être présenté à cette douairière ! Comme ce doit être drôle à voir, à étudier, dans la vie privée, dans le secret du gynécée, une vieille impératrice nippone !

Bien que cela m'intéresse assez peu, il faut cependant visiter aussi ces fabriques de porcelaine, qui fonctionnent depuis tant de siècles, ayant semé par le monde d'innombrables milliers de tasses et de potiches. Là, rien de moderne n'est encore venu. On est surpris de la manière simple, primitive, dont tout cela se pétrit, se tripote, se tourne, se fait cuire, comme il y a mille ans.

Entre deux cuissons, une armée de peintres enlumine ces choses avec une prestesse prodigieuse, recopiant toujours ces mêmes cigognes, ces mêmes poissons, ces mêmes belles dames, qu'on était pourtant agacé d'avoir déjà tant vus.

Ces peintres des fabriques sont payés en moyenne dix sous par jour; exceptionnellement, on en donne jusqu'à quarante ou cinquante à ceux qui sont tout à fait célèbres, qui décorent les pièces précieuses destinées à être vendues très cher.

On ne peut s'empêcher d'admirer cependant la sûreté avec laquelle s'exerce cet art industriel. Aussi vite que nous griffonnerions une lettre, eux groupent des bonshommes appris par cœur; en deux coups de pinceau, les colorient, sans jamais dévier d'une ligne; puis, négligemment, tracent des filets de la précision la plus rigoureuse. Il a fallu sans doute une longue hérédité de calme et de tempérance pour former ces virtuoses à main si posée. Bientôt, quand le Japon sera tout à fait lancé dans le mouvement moderne, et ses ouvriers, dans l'alcool, ce sera fini à tout jamais de ces petits peintres-là.

VII

Le temple du *Daï-Boutsou* (du Grand-Bouddha) semble un temple pour rire, une énorme plaisanterie pour amuser les fidèles.

De ce « grand Bouddha » on ne voit qu'une tête et des épaules (d'au moins trente mètres de haut), ayant l'air de surgir des profondeurs du sol; le dieu a le cou tendu, comme quelqu'un qui se dégagerait péniblement de la terre. A lui seul il remplit tout son temple et ses cheveux crépus en touchent la toiture.

On arrive chez lui comme chez tous les dieux, par une suite d'escaliers, de portiques, de cours. De la porte du sanctuaire, au premier coup d'œil, on ne s'explique pas bien ce que c'est que ce monticule d'or, ce tas informe, qu'on a devant soi (les épaules du Bouddha). Ce n'est qu'après, en levant beaucoup la tête, qu'on aperçoit en l'air cette colossale figure dorée, ces gros yeux fixes, abaissés de trente mètres de haut pour vous regarder avec une placidité niaise.

Je me trouve faire ce pèlerinage en même temps qu'une brave famille nippone de la province, qui visite pour la première fois la ville sainte, et ils n'en reviennent pas, ces bonnes gens, les dames surtout, de voir un dieu si gros; et ce sont des ah! des oh! des exclamations de surprise, des petits cris et des petits rires. Non, vraiment, il est trop drôle ce Bouddha, avec son cou de cigogne et son air bête; drôle à la manière de ces bonshommes de neige que les gamins font au coin des rues; drôle à la manière d'une gigantesque caricature, dont on aurait confié la confection à des petits enfants. Et voilà cette bonne petite famille provinciale, riant, sous le nez de ce dieu, riant aux larmes; ce que voyant, les autres visiteurs et même les bonzes gardiens, commencent à rire aussi. On me regarde, pour savoir quelle figure je vais faire : alors naturellement cela me gagne, c'était inévitable. Quel pays, que ce Japon, où tout est bizarrerie, contraste ! Comment imaginer que ce petit peuple frivole, avec ses révérences et son éternel rire, ait pu vivre des siècles enfermé dans un si farouche mystère, et enfanter ces milliers de temples avec leurs monstres et leurs épouvantes ?

En payant deux sous, on a le droit de faire le tour du « Grand-Bouddha »; on monte par des pentes de bois très raides qui vous font passer derrière la tête du colosse, un peu plus haut que sa nuque. Je m'engage là dedans, en compagnie toujours de la famille voyageuse; c'est glissant, cette pente, c'est vieux, crevassé, vermoulu; les dames manquent de tomber, j'avance la main pour les soutenir et nous voilà tout à fait amis. Derrière cette tête énorme, dans un recoin sombre, un vieux bonze se tient accroupi ; pour un sou il nous montre une armure et un masque de guerre ayant appartenu au grand Taïko-Sama; puis nous ouvre de très antiques armoires-à-idoles où sont conservées des divinités à tête d'animal, des reliques de sinistre aspect. Là, on ne rit plus.

Dans la cour de ce temple est la plus monstrueuse de toutes les cloches de Kioto : au moins six ou huit mètres de tour. On la sonne au moyen d'une énorme poutre garnie de fer, sorte de bélier suspendu horizontalement par des cordes.

Pour deux nouveaux sous, on a le droit d'expérimenter la chose : je m'attelle aux courroies, alors on fait cercle et les enfants accourent. Deux ou trois jeunes filles viennent même bien vite s'atteler derrière moi, pour m'aider, me gênant beaucoup, pouffant de rire, tirant à rebours, faisant ensemble à peu près la force de trois bons chats.

Cependant le bélier cède, peu à peu se met en branle. Boum!.. boum!.. Un son caverneux, effroyable, prolongé en puissantes vibrations d'orchestre, et qui doit s'entendre dans toute la ville sainte.

Alors dans l'assistance, c'est une joie, un délire; on n'en revient pas, tout le monde en rit, tout le monde en est pâmé.

Quand le soir approche, on est un peu ahuri par tant de choses singulières que l'on a vues ; un peu fatigué par ces courses folles dans le petit char sautillant qui vous a heurté à toutes les pierres de la route. On est lassé surtout de la monotonie sans fin des petites rues japonaises, de ces milliers de mêmes petites maisonnettes grises, ouvertes toutes, en hangar, comme pour montrer leur contenu pareil, leurs mêmes nattes blanches, leurs mêmes petites boîtes à fumer, leurs mêmes petits autels voués aux ancêtres. Et puis ces odeurs de race jaune, de cuisine au riz, de musc, de je ne sais quoi, vous écœurent. Et tout ce monde se retournant pour vous regarder comme une bête de ménagerie ; ces rassemblements de jeunes femmes curieuses, formés tout de suite si l'on s'arrête : minois pareils, jaunes, enfantins, à tout petits yeux mignards, à traits vagues comme une ébauche. Et constamment cette politesse, et constamment ce rire... A la longue un agacement insurmontable vous vient de toutes ces choses.

Et tant de temples, tant de temples où l'on est

entré. Tant de figures de dieux, de figures souriantes, ou mauvaises, ou funèbres, grimaces immobiles, contorsions figées, symboles inquiétants. Dans l'esprit tout cela finit par se mêler, se confondre, se déformer comme en rêve.

De tous ces temples, les plus lugubres sont ceux du dieu du riz. Tout petits toujours, presque en miniature, ils se tiennent cachés dans des recoins, ou sous des arbres, avec des airs de demeures malfaisantes; ils sont d'une simplicité, d'une rudesse voulues qui contrastent avec le luxe raffiné des autres. A leurs grillages de bois sont accrochés, noués partout, des morceaux de papier contenant des prières ou des sorts.

Au dedans de ces temples, on ne trouve jamais que des renards blancs, assis sur leur derrière dans la même pose consacrée, oreilles droites, comme les chacals, avec l'intérieur peint en rose; museau blême, rusé, méchant; lèvres retroussées en rictus de mort, sur des dents fines qui tiennent un mystérieux petit objet doré; posés sur des autels en miniature, ils se regardent entre eux, — et quelques-uns tombent en poussière...

Je ne sais pas bien ce que représente cette petite chose dorée, toujours la même, qui se retrouve entre toutes les dents pointues de ces renards des temples.

VIII

La nuit tombée, il y a, dans un quartier spécial, l'Exposition des femmes, qui est une chose amusante.

Rien de cet air triste, honteux, que prend la prostitution dans nos pays d'Occident. Ici cela se passe avec une impudeur inconsciente, une bonhomie enfantine et drôle. Les jeunes personnes exposées sont alignées en devanture, derrière de petites barrières en bois; assises, très parées, très éclairées par des lampes; blanches comme du linge blanc, à force de poudre de riz mise à paquets sur les joues; les yeux agrandis de noir, et ayant, sous la lèvre d'en bas, un rond de peinture rouge qui leur fait comme l'exagération de ce qu'on appelle chez nous « la bouche en cœur ».

La tranquillité des exposées est une des choses qui frappent le plus. Elles ne s'occupent jamais des clients qui les regardent; elles se tiennent dignes, indifférentes et immobiles, comme des idoles.

A moins cependant que ne passe quelque groupe de femmes appartenant au monde honnête, dans lequel elles retrouvent une parente ou une amie; alors le sourire vient, et la conversation s'engage. Ce quartier est, le soir, la promenade aimée des jeunes filles, qui ont toujours, derrière les petites barrières ajourées, quelque connaissance, une cousine ou une sœur. C'est aussi le rendez-vous des familles : on y vient tous ensemble, avec les grands parents et les petits-enfants.

IX

Un reste d'été brille sur tout mon voyage. De bonne heure, le matin, dans ma chambre d'hôtel m'arrive un gai soleil, par ma véranda ouverte. Alors je vois, dans le jardin d'à côté, minauder les deux dames nippones mes voisines; leurs bébés font voler des cerfs-volants très extraordinaires, qui représentent de gros bouddhas ventrus...

Un de mes étonnements, dans cette ville, est de rencontrer un immense temple en construction. Il n'était pas de première nécessité, puisqu'il y en avait déjà trois mille.

Cela implique une contradiction de plus chez

ce peuple si subitement affolé de vapeur et de progrès.

Et ce temple nouveau ne le cédera, ni en grandeur ni en magnificence, à ceux du passé. Une forêt de colonnes est là, disposée par terre, et pour chacune d'elles il a fallu choisir à grand frais quelque arbre rare et gigantesque. L'agencement de toutes ces pièces de bois est préparé avec un soin minutieux, une précision d'horlogerie ; les mortaises, les tenons finement taillés sont enveloppés dans des étuis provisoires en bois blanc qui en prennent très exactement les contours de peur que la pluie, ou la main des passants, ou le soleil ne nuisent plus tard à leur étonnant ajustage. Et sans doute, quelque part, une armée d'ouvriers cisèle des vases et des girandoles, confectionne des dieux magnifiques ayant les attitudes immuables et les sourires d'il y a mille ans.

Mes *djin* sont petits, comme tous les Japonais ; coiffés, comme presque tous les *djin*, d'un chapeau large en forme d'ombrelle ; habillés d'une veste à manches pagodes, très courte de taille, comme nos plus courts vestons, et bariolée d'une façon saugrenue, ayant dans le dos un tas de choses écrites en grosses lettres nippones. Pas de pantalon ni de chemise; une étroite bande d'étoffe, nouée d'une façon très particulière, joue pour eux l'office confié chez nous aux feuilles de vigne, ou plus anciennement aux feuilles de figuier. Du reste, ces jambes, nues jusqu'aux reins, sont superbes de nerfs et de muscles, absolument sculpturales sous leur peau jaune.

Jamais fatigués, jamais haletants, les *djin*. Dans les montées seulement, un peu de sueur leur perle sur la poitrine; alors ils enlèvent leur veste. Ils poussent des cris dans les foules, pour avertir que nous passons; mais ils courent toujours, au risque d'accrocher les gens.

Je vis en parfaite intelligence avec Kalakawa, mon *djin* de flèche; il entre avec moi dans les temples, chez les marchands, et m'explique beaucoup de choses, dans un japonais très clair que je comprends sans peine. Il est très gentil et sait bien l'histoire, la théogonie, les légendes. L'autre, Hamanichi, celui d'entre les brancards, est taciturne et revêche; nos rapports, bien que courtois, sont d'une certaine froideur, même un peu tendus.

Tout s'assombrit, les quartiers deviennent plus déserts et plus morts, à mesure que nous approchons de « Kita-no-tendji », le grand temple shintoïste du Bœuf. C'est très loin, très loin, presque à la campagne, tout au bout d'un long faubourg triste. Une heure au moins de course échevelée en *djin-richi-cha*, pour arriver à l'entrée.

C'est du vieux Japon, par exemple, ce faubourg, du très vieux, du vermoulu, du noirâtre. Les maisonnettes de bois ont des aspects branlants et caducs de centenaires; les charpentes saugrenues se gondolent, se fendillent et s'émiettent; tout cela semble abandonné, on n'aperçoit personne nulle part.

On devine cependant l'approche de quelque grand temple, où doivent se célébrer en ce moment même de solennelles cérémonies, car, suivant l'usage consacré pour les fêtes religieuses, on a disposé des deux côtés de ces rues des séries de potences d'où pendent des lanternes. Elles se dressent de deux en deux pas, en files interminables; les lanternes sont d'énormes ballons gris, sur lesquels sont peintes en noir des chauves-souris vues de dos, volant à tire-d'aile. Une si étrange décoration de fête n'égaye en rien ces quartiers; au contraire, toutes ces choses grises, ces alignements de lanternes qui n'en finissent plus, avec leurs bêtes nocturnes en guise de fleurs... on croirait voir les préparatifs de quelque vaste kermesse macabre, dont les invités ne viendront que la nuit.

Nous arrivons sans doute, car devant nous apparaissent, en masses sombres, les hautes ramures séculaires d'un de ces bois qui sont toujours consacrés aux dieux. Puis voici les portiques qui commencent : ils sont en granit fruste, et de ce style religieux très ancien qui se retrouve surtout dans les pagodes des villages, dans les lieux d'adoration perdus au milieu des forêts. La forme a dû en être léguée aux Japonais par une antiquité extrêmement lointaine et disparue, car elle ne leur ressemble pas; elle est sévère, grandiose, et surtout elle est *simple*; elle frappe comme une chose jamais vue. Mais il faudrait la dessiner, car elle n'est pas descriptible : deux piliers massifs, sortes de cônes s'élargissant par la base, réunis en haut par une première architrave qui est droite, et, un peu au-dessus, par une seconde qui est courbe, débordante, les pointes en l'air comme un croissant de lune; c'est tout, pas le moindre ornement, pas la moindre sculpture; l'ensemble est mystique et farouche : il tient du pylône égyptien et du dolmen celtique; il détonne très étrangement avec les choses compliquées, tourmentées qui l'entourent.

Après les portiques viennent les séries de monstres, rangés des deux côtés du chemin sur des socles de pierre. Les grands arbres étendent au-dessus leur ombre, leurs branchages contournés comme les bras multiples des idoles.

Cela commence par des espèces de tigres énormes en granit, assis sur leur arrière-train, ayant au milieu de la figure une corne à la rhinocéros et riant d'un rire à faire peur. A leurs grosses pattes sont attachés, noués, des petits bandages blancs, comme s'ils avaient du mal : ce sont des prières qu'on leur a apportées là, sur bandelettes de papier de riz, pour les apaiser.

Cela se continue par des bœufs, un peu plus grands que nature, en granit, en bronze, ou en marbre précieux veiné de nuances rares; puis, par des alignements de tombes, ou de hautes lanternes de pierre ressemblant à des tourelles chinoises.

Au milieu de ces choses extraordinaires, dans la fraîcheur ombreuse de ce bois sacré, des gens se promènent. Plus nous approchons, plus nous rencontrons des groupes serrés; cela nous explique pourquoi ce faubourg était vide : tous les habitants se sont réunis là pour la fête; on a même dû venir de bien plus loin encore, car voici une vraie foule. Foule enfantine et frivole, comme on en voit de peintes sur les éventails ou les tasses à thé, foule qui babille, qui s'agite, et d'où partent des éclats de rire. Elle a beau être bizarre, elle cadre mal avec l'ombre de ce bois, où habitent tant de sinistres bêtes.

Beaucoup de dames souriantes, avec des piquets de fleurs artificielles dans leurs beaux chignons gommés. Tuniques très collantes aux bas de jambes, longues manches pagodes, longues ceintures nouées en pouf. Sur leurs socques en bois qui font du bruit, elles marchent les pieds en dedans, ce qui est la manière élégante. Et minaudent, et roulent leurs petits yeux retroussés, tenant le corps tout penché en avant, tout prêt pour les plus gracieuses révérences.

Des hommes en grande robe bleue; d'autres, jambes nues, montrant leur derrière. Des bonzes à sonnettes, drapés dans un flot de mousseline brune, figures invisibles sous d'immenses chapeaux pointus, marchant à pas lents, la main tendue pour mendier, au bruit continuel de leurs mille petites cloches. Des bandes d'enfants, se tenant tous par la main avec des airs d'importance : petits garçons bien potelés; petites filles habillées déjà comme les dames avec des fleurs et de grosses épingles dans leurs chignons de poupée; toujours jolis, ces bébés japonais, qui deviendront si laids plus tard; et puis très comiques, avec le retroussement exagéré de leurs yeux d'émail, avec l'ampleur de leurs robes bariolées, avec l'imprévu de leurs tonsures de cheveux, laissant par places des petites mèches impayables.

Il y a maintenant des boutiques de marchands de thé, où les familles nippones viennent s'asseoir. Beaucoup de kiosques religieux renfermant toutes sortes de choses. Dans l'un, demeure un gros taureau noir, bête sacrée, qui paraît d'humeur farouche ; sa litière est d'une propreté minutieuse, il est attaché par des cordes de soie blanche, et, dans ses naseaux est passé un mors de sûreté incrusté de nacre. Un autre contient une voiture pour les dieux, ciselée magnifiquement ; c'est ce taureau noir qui la traîne, m'explique mon *djin*, lorsque ces dieux sortent, suivis de la longue procession de leurs prêtres. Ailleurs, ce sont des bannières, des cartouches et des hampes d'or, tous les accessoires des grands défilés rituels, qui s'exécutent chaque année d'après une étiquette millénaire et immuable.

La foule devient plus pressée, et nous voici devant le grand temple. Sa haute toiture compliquée se dresse en face de nous en montagne grise, dépassant les branches des vieux arbres, masquant tout le fond du tableau. On monte au sanctuaire par d'immenses gradins qui sont absolument encombrés de Nippons et de Nippones. Ces gens sont pieds nus, ou marchent sur leurs chaussettes blanches à orteil séparé; aussi y a-t-il en bas, sous la surveillance d'un bonze, une incroyable quantité de socques de bois, de sandales de paille; comment tout ce monde s'y reconnaîtra-t-il au départ? Cela me semble un mystère. Je me déchausse aussi, ne craignant aucune confusion pour mes bottines, qui sont là uniques dans leur genre, et je monte, en compagnie de mon ami Kalakawa, poussant un peu, pour arriver plus vite, les groupes nonchalants et stationnaires. Beaucoup de figures jaunes, à petits yeux en amande, se retournent pour me regarder avec une curiosité bienveillante; un léger murmure d'étonnement parmi les *mousmés*, même quelques révérences à mon adresse, qui s'ébauchent au passage, et auxquelles je réponds par des petits saluts de tête avec une envie de rire.

En haut, une longue véranda à colonnes, sur

laquelle le temple est complètement ouvert. On s'assied sur des nattes blanches, très encombrées par les petites boîtes à fumer des dames. Une balustrade, qui coupe le temple en son milieu, sépare les fidèles des bonzes; ceux-ci se tiennent accroupis dans la partie intérieure, déjà un peu obscure et mystérieuse, qui leur est réservée; ils sont vêtus de blanc, et coiffés d'un casque noir. Derrière eux, une seconde balustrade, au-dessus de laquelle brillent, sur des étagères d'au moins cinquante mètres de long, des amoncellements de vases sacrés et d'emblèmes. C'est bien un temple du culte shintoïste pur; on n'aperçoit nulle part aucune figure bouddhique, aucune représentation humaine ni animale, et cela repose et change, après ces prodigieuses débauches d'idoles auxquelles on était habitué ailleurs; parmi les brûle-parfums et les vases, aucune tête grimaçante; rien que ces miroirs ronds, en acier poli, qui symbolisent la vérité.

Comme les autres fidèles, je jette dans l'enceinte des bonzes quelques pièces de monnaie; il y en a tant déjà, que les nattes en sont jonchées, couvertes; mais les prêtres, qui les ramasseront ce soir avec des râteaux, ne semblent pas les voir. Mon offrande fait bien dans le public; on échange autour de moi quelques mots d'approbation : « Cet étranger est vraiment un bon jeune homme. »

Tous les assistants murmurent à voix basse de longues prières et, de temps à autre, frappent dans leurs mains pour rappeler autour d'eux les Esprits distraits. Quelquefois un prêtre se lève, va tout au fond du temple, monte un précieux escalier de laque rouge, et salue, là-haut, le plus grands des miroirs qui pose sur une gerbe de fleurs d'argent. Alors, tous les autres bonzes tombent la face contre terre; derrière chacun d'eux, traînent la queue de sa robe blanche et les deux pointes de ses manches pagodes; ainsi aplatis sur le sol, ils ressemblent à de grandes bêtes ailées, dont on ne comprend plus la structure. Là-bas, dans la demi-obscurité, on voit courir sur les étagères, parmi les vases et les symboles, des petites choses grises, empressées, furtives, qui sont des rats et des souris.

Et pendant tout l'office, un prêtre, au moyen d'une bande d'étoffe blanche qui descend d'en haut, agite une sorte de monstrueux grelot de cuivre pendu à la voûte; il en sort un bruissement voilé, lointain, inconnu, qui semble le bourdonnement d'une énorme mouche...

Très loin de ce temple et de ce faubourg triste, fonctionnent les théâtres, groupés tous ensemble dans le quartier le plus central et le plus bruyant de la ville, au milieu des étalages de laques, d'étoffes éclatantes et de porcelaines. Ce sont de très hautes maisons de bois, construites légèrement, comme à faux frais. Elles disparaissent sous les banderoles multicolores, les papiers peints, les tableaux encadrés de dorures, les miroirs : un bariolage de saltimbanque, d'un goût inférieur. De plus, tout autour, sont plantés des bambous d'une hauteur démesurée, d'où pendent des oriflammes qui flottent au vent.

A l'intérieur, des boiseries grossières, un aspect de foire. Dans des loges de tribune se tiennent les personnes comme il faut. Par terre, sur des nattes, est assise la foule rieuse des gens communs, avec des centaines de petites boîtes à fumer, de petits réchauds, de petites pipes.

On joue là dedans du matin au soir des drames qui durent jusqu'à huit jours, et d'un réalisme atroce, avec du vrai sang qui coule. A l'orchestre, des gongs, des claque-bois, des guitares, des flûtes; tout cela grince, gémit, détonne, avec une étrangeté inouïe et une tristesse à faire frémir.

Comme chez nous, ce n'est plus guère qu'au théâtre qu'on retrouve encore les splendides costumes, les armures, le luxueux cérémonial des temps passés. Les acteurs déclament du gosier, lentement, distinctement, en chantant presque, avec une monotonie de mélopée. Comme chez nous toujours, il en est pour qui l'on se passionne, et la plupart d'entre eux font payer leur luxe par quelque belle dame qui minaude aux tribunes.

Quant aux actrices, elles ont beau être gentilles, avoir des voix douces, des airs câlins, il ne faut pas s'y laisser prendre : ce ne sont jamais que des hommes, grimés et portant perruque.

Les *planches* sont une plaque tournante, en très grand comme celles des chemins de fer. Une cloison, qui supporte le décor et forme le fond de la scène, est bâtie sur cette plaque et la partage en son milieu, de manière à n'en laisser visible que la moitié. Et quand l'acte est fini, toute la vaste machine commence avec lenteur, au bruit des gongs, son mouvement circulaire; alors on voit tourner et fuir ensemble le décor et le groupe final subitement immobilisé dans son dernier geste. Peu à peu la cloison centrale découvre au public son autre face, à laquelle est accroché le décor suivant; du même coup, l'autre moitié de la plaque amène les nouveaux acteurs, tout prêts, tout posés, servis comme sur un plateau.

Pendant un intermède, je visite les dessous, les loges d'acteurs, les coulisses. Une vieille dame noble, magnifiquement parée, a joué son rôle avec une distinction extrême et de beaux accents de tendresse maternelle. Alors j'ai désiré la voir de près.

Elle me reçoit avec un engageant sourire. Mais elle est un homme, naturellement, une espèce de mauvais drôle d'un âge ambigu, qui, pour changer de costume pendant cet entr'acte, étale la laideur de son corps jaune, s'est mis nu comme un sauvage, gardant toutefois son chignon monumental piqué d'épingles et sa figure de vieille dame...

En passant dans la rue, si l'on entend sortir d'une maison un bruit de guitares jouant en fièvre comme les czardas hongroises, on peut entrer pour voir : c'est un entrepôt de *guéchas* (musiciennes et danseuses de profession) qui se louent le soir pour les dîners et les fêtes. Presque toutes sont jolies, fines, distinguées, nerveuses, avec des mains exquises. On les a triées dès l'enfance parmi les bébés les plus réussis ; c'est ensuite à Yeddo, au *collège des guéchas*, qu'elles ont été formées, comme au Conservatoire. De très bonne heure on les a dressées à n'être qu'un objet de luxe et de plaisir. Elles font toutes les danses que l'on veut, gracieuses, mystiques, obscènes ou terribles, à visage découvert ou avec des masques. Il y en a parmi elles qui ont bien dix ans à peine, très charmantes petites poupées sans âme, caressantes comme des chattes, drôlement costumées, drôlement peintes, sentant bon, ayant des amours de petites mains frêles.

X

Dans Kioto la ville sainte, l'étonnement des étonnements, pour moi c'est le temple des *Trente-trois Coudées*[1] ou *Temple des Mille Dieux*, conçu il y a huit siècles par je ne sais plus quel mystique en délire, qui avait entre les mains de prodigieux moyens d'exécution. Celui-là ne ressemble à aucun autre : ni autels, ni brûle-parfums, ni enceintes sacrées; dix étages de gradins de deux ou trois cents mètres de long, quelque chose comme une gigantesque tribune de courses sur laquelle une légion de dieux sortis de tous les sanctuaires,

1. Temple des Trente-trois Coudées, parce que ses colonnes sont espacées les unes des autres de trente-trois coudées.

de tous les empyrées, seraient venus se ranger pour assister à quelque spectacle apocalyptique, à quelque écroulement de mondes.

Au centre, dans la loge d'honneur, sur une fleur de lotus d'or épanouie, large comme la base d'une tour, trône un colossal Bouddha d'or, en avant d'un nimbe d'or qui se déploie derrière lui comme la queue étalée d'un paon monstrueux. Il est entouré, gardé, par une vingtaine d'épouvantails ayant la forme humaine agrandie et paraissant tenir à la fois du diable et du cadavre. Quand on entre par la porte centrale, qui est basse et sournoise, on recule en voyant, presque devant soi, ces personnages de cauchemar. Ils occupent tous les gradins inférieurs de la loge; ils descendent menaçants jusqu'en bas.

Ils lèvent les bras, ils font des gestes de fureur avec des mains crispées; ils grincent des dents, ils ouvrent des bouches sans lèvres, roulent des yeux sans paupières, avec une expression intense et horrible. Leurs veines et leurs nerfs, mis à nu, courent sur leurs membres qui sont dessinés avec une vérité anatomique frappante. Ils sont peints

4.

en rouge saignant, en bleuâtre, en verdâtre, comme des écorchés ou des morts, en toutes les teintes de la chair au vif ou de la pourriture. Vers l'an 1000 de notre ère, alors que nous en étions, nous, aux saints naïfs des églises romanes, le Japon avait déjà des artistes capables d'enfanter ces hideurs raffinées et savantes.

De chaque côté de cette grande loge centrale, s'étendent les gradins des mille dieux, cinq cents à droite, cinq cents à gauche, debout et alignés, étagés sur dix rangs et occupant autant d'espace qu'un corps d'armée. Tous pareils, dans une symétrie interminable; de taille surhumaine, étincelants d'or de la tête aux pieds, et ayant chacun quarante bras. De toutes les hautes coiffures entourées d'auréoles, s'élancent les mêmes rayons d'or; les mêmes vêtements d'or serrent étroitement tous les reins avec une rigidité égyptienne. Chacun d'eux sourit doucement du même mystérieux sourire, et tient six ou huit de ses mains jointes dans l'attitude calme de la prière, tandis que ses autres paires de bras, déployées en éventail, brandissent en l'air des lances, des flèches, des têtes de morts, des symboles inconnus.

Dans la pénombre de leur demeure, ils sourient, les dieux, regardant tous du même côté, au fond des régions qui n'existent pas, attendant toujours, avec la patience des éternels, ce prodigieux spectacle pour lequel ils se sont sans doute rassemblés. Leur armée immobile resplendit tranquillement jusque dans les lointains du temple, toute hérissée de piques, de rayons et de nimbes d'or.

Et à la fin, c'est une fatigue et une obsession de penser que ces attentes, ces sourires, l'éclat de cette magnificence dorée, — et les gesticulements forcenés des autres, les horribles du milieu, — tout cela dure depuis des heures, depuis des jours, depuis des saisons, des années et des siècles, depuis l'an mil !

Derrière le temple, un long enclos est consacré, de temps immémorial, au tir à l'arc. Aujourd'hui encore, quelques hommes sont là, bras nus, s'exerçant à cet art noble des anciens seigneurs. Ils lancent leurs flèches sur des buts très éloignés, qui sont des écrans blancs ; c'est comme une scène du passé.

Kalakawa me fait remarquer ces massives boiseries du temple où sont restés piqués des milliers de tronçons de flèches ; les grosses solives débordant de la toiture servaient de but aux seigneurs passés ; quelques-unes sont tellement criblées de ces tronçons blanchâtres, amoncelés là depuis des siècles, que ce n'est plus vraisemblable : on croirait voir en l'air des porcs-épics, sortant de dessous la charpente en manière de gargouilles.

XI

C'est le soir, déjà un peu au crépuscule, que je me dirige vers la gare pour partir, traîné toujours par les mêmes fidèles coureurs, Mais une seconde *djin-richi-cha* suit la mienne, portant, dans des caisses, de vieilles choses extraordinaires, surtout des choses religieuses que j'ai ramassées çà et là sous la poussière des bric-à-brac, aux environs des temples.

Mon plus grand embarras est un bouquet de grands lotus bouddhiques en bois doré, acheté à la dernière heure, et que je tiens à la main par les tiges comme on porterait des fleurs véritables. Mes *djin* m'ont promis de rencontrer en route un emballeur pour ce bouquet-là ; mais je m'inquiète, car nous roulons déjà dans les rues plus pauvres et plus désertes du faubourg qui avoisine le chemin de fer.

Tout à coup, Kalakawa pousse un cri d'oiseau, auquel mon petit char s'arrête net, avec un soubresaut très dur ; au fond d'une échoppe encombrée de planchettes de sapins, il vient d'apercevoir le bonhomme qu'il me faut.

Alors je me présente là dedans, tenant toujours en main ces grands lotus. Un vieux Nippon se précipite, empressé, avec des révérences, qui prend mes fleurs, les compte, les mesure, combine de rapides calculs ; ça va me coûter douze sous pour la caisse : de plus, il faudra au moins trois autres sous pour l'ouate, ce qui fera bien quinze !

Et il me regarde, anxieux, se demandant si je ne vais pas me révolter de ce vol exorbitant. Mon Dieu, non ; je suis même tellement satisfait de la rencontre de ce bonhomme que j'accepte d'un air gracieux, en recommandant de faire au plus vite. Alors c'est une joie dans toute la famille ; pendant que la chose se scie, se cloue, se confectionne au moyen de petits instruments primitifs avec une prestesse de singe, on m'apporte des coussins pour m'asseoir, une tasse de thé, et les deux tout petits *mouskos*[1] de la maison, qui sont des bébés joyeux, jolis et propres. En même temps, dans la rue, un rassemblement de *mousmés* s'est formé pour me voir. D'abord elles font mine de se cacher en riant chaque fois que leurs yeux rencontrent ceux de l'étranger qui les regarde; ensuite, très vite apprivoisées, elles se rapprochent et commencent à questionner : si je suis Français ou Anglais, quel est mon âge, ce que je suis venu faire tout seul, et ce que j'emporte dans mes caisses?

Un étonnement me vient tout à coup de pouvoir entendre ce qu'elles me disent, et de savoir, sans trop chercher, faire des réponses qu'elles comprennent; c'est encore si récent, si peu classé dans ma tête, ce Japon et ce langage japonais; il y a six mois à peine, c'était un recoin de la terre (le dernier, je crois bien) où les hasards de ma vie ne

---

1. *Mousko*, petit garçon. *Mousmé*, jeune fille.

m'avaient pas conduit, un pays que j'ignorais. Et je ne reconnais plus le son de ma voix dans ces mots nouveaux que je prononce, il me semble n'être plus moi-même.

Ce soir, je les trouve presque jolies, ces *mousmés*; c'est sans doute que déjà je m'habitue à ces visages d'extrême Asie. C'est surtout qu'elles sont très jeunes, des petites figures aux traits vagues, comme inachevées, et au Japon le charme de la première jeunesse, de l'enfance, n'est pas contestable. Seulement cette fleur mystérieuse du commencement de la vie se fane plus vite qu'ailleurs; avec les années tout de suite cela se décompose, grimace, tourne au vieux singe.

Elles forment un groupe à peindre, les *mousmés*, avec leurs petites tournures un peu précieuses, les couleurs fraîches et heurtées de leurs costumes, et leurs larges ceintures nouées en coques bouffantes. La nuit tombe tout à fait, et le temps s'est voilé de gris avec un air d'hiver; dans l'encadrement sombre de la porte, elles apparaissent très éclairées; tout ce qui reste de lumière s'est concentré sur elles, bizarrement. Au delà de leurs têtes, on voit fuir la petite rue déserte; ses maisonnettes de bois noirâtre découpent, en séries de festons et de pointes, leurs toitures débordantes sur le gris crépusculaire de ce ciel où des chauves-souris passent. Au moment de quitter cette ville où je ne reviendrai certainement jamais, une mélancolie m'arrive je ne sais d'où, avec la conscience d'être si seul et d'être si loin.

C'est déjà fini, l'emballage habile de ce vieux. Alors je paye, je dis à la ronde un *sayanara* (adieu) pour l'éternité, et nous recommençons à courir, emportant la nouvelle caisse des lotus d'or.

Il était écrit sans doute que je n'en finirais pas avec ce Kioto; voici, au détour d'une rue, dans le clair-obscur, une physionnomie tellement attirante que, d'un coup d'évantail dans le dos d'Hamánichi mon premier *djin*, j'arrête encore mes équipages. J'ai été absolument captivé : une fascination, un coup de foudre, tout de suite j'ai senti que nos destinées était unies pour jamais. C'est, à la porte d'un marchand d'objets de piété, un dieu de grande taille humaine assis les jambes croisées; un très vieux dieu Amiddah, à six bras, cinq yeux; gesticulant, ricanant, féroce; un dieu d'une espèce rare sur les marchés, une vraie trouvaille. Justement celui-ci est dans des prix doux, que je ferai rabattre encore de moitié; c'est décidé, je l'emmène. Alors on s'agite, me voyant si pressé; on va confectionner à la hâte une caisse énorme et procéder à la mise en bière. Non, pas du tout, je suis déjà en retard, nous manquerions le train; j'appelle tout simplement une troisième *djin-richi-cha*, où le dieu prend place comme une personne naturelle. Nous repartons ventre à terre, ayant maintenant six *djin* qui poussent des cris, et les Nippons s'ébahissent en route de voir cet Amiddah qui fuit en voiture, enlevé par un Européen.

Quelques contestations avec les employés de la gare, que surprend ce colis imprévu, moitié voyageur, moitié bagage. On finit par s'entendre, et on l'assied comme un homme sur des malles, en me promettant de veiller sur lui tout le long du chemin.

Nous arrivons par un train de minuit à Kobé, où un canot de mon bateau doit m'attendre au quai, à l'heure convenue. Même cortège qu'à Kioto : une voiture pour moi, une seconde pour le dieu, une troisième pour nos bagages. Comme au départ, il faut traverser certain quartier indicible, où nos matelots sont en plein dans leur fête joyeuse. Ceux de mon bord me reconnaissent, malgré mon costume inusité : « Ah ! voilà le capitaine de manœuvre qui revient de son voyage ! » et ils m'ôtent leur bonnet. Mais ce compagnon que je ramène, rouge comme le diable, avec son geste multiple, son air féroce qui saute aux yeux même la nuit, qui ça peut-il bien être ? Étant déjà un peu gris, ils ne comprennent vraiment pas du tout.

D'autant moins que nous passons très vite, nos *djin* courant à toutes jambes vers la mer...

UN BAL A YEDDO

A Madame Alphonse Daudet.

> *Le ministre des affaires étrangères et la comtesse Sodeska ont l'honneur de vous prier de venir passer la soirée au Rokou-Meïkan, à l'occasion de la naissance de S. M. l'Empereur.*
> *On dansera.*

Cela est gravé en français, sur un élégant carton à coins dorés qui m'arrive par la poste, un jour de novembre, en rade de Yokohama. Au revers, il y a cette indication ajoutée à la main d'une courante écriture anglaise : *Un train spécial pour le retour partira de la gare de Shibachi, à une heure du matin.*

Moi, qui suis depuis deux jours seulement dans ce Yokohama cosmopolite, je retourne avec un certain étonnement ce petit carton dans mes doigts : j'avoue qu'il confond toutes les notions de japonnerie que mon séjour à Nagasaki m'avait données. Ce bal européanisé, ce grand monde de Yeddo en habit noir et en toilette parisienne, je ne me représente pas cela très bien...

Et puis, au premier abord, cette *comtesse* (de même que ces différentes *marquises* aux noms étranges que j'ai vues mentionnées hier dans une chronique élégante du pays) me fait sourire.

Après tout, pourquoi ? Elles descendent de familles seigneuriales, ces femmes ; elles n'ont fait que changer leur titre japonais contre une équivalente couronne française ; l'éducation et l'affinement aristocratiques n'en sont pas moins réels et héréditaires. Il se peut même qu'il faille remonter beaucoup plus loin que nos croisades pour trouver les origines de ces noblesses-là, perdues dans les annales d'un peuple si vieux...

Le soir de ce bal, il y a foule à la gare de Yokohama, au départ de huit heures trente. Toute la colonie européenne est sur pied, en toilette parée, pour répondre à l'invitation de cette *comtesse*. Les messieurs en claque; les dames encapuchonnées de dentelles et relevant de longues traînes claires sous des pelisses de fourrures : et ces invités, dans des salles d'attente pareilles aux nôtres, s'abordent en français, en anglais, en allemand. Tout ce qu'il y a de moins japonais, ce départ de huit heures trente.

Une heure de route, et ce train de bal s'arrête à Yeddo.

Ici, c'est une autre surprise. Est-ce que nous arrivons à Londres, ou à Melbourne, ou à New-York? Autour de la gare se dressent de hautes maisons en brique, d'une laideur américaine. Des alignements de becs de gaz laissent deviner au loin de longues rues bien droites. L'air froid est tout rayé de fils télégraphiques et, dans diverses directions, des tramways partent avec des bruits connus de timbres et de sifflets.

Cependant une nuée de bonshommes étranges, tout de noir vêtus, qui avaient l'air de nous guetter, se précipitent à notre rencontre : ce sont les *djin-riki-san*, les hommes-chevaux, les hommes-coureurs. Ils s'abattent sur nous comme un vol de corbeaux, la place en est obscurcie ; chacun traînant derrière lui son petit char, ils bondissent, crient, se bousculent, nous barrant le passage comme une armée de diablotins en gaieté. Ils portent culotte collante, dessinant les cuisses comme un maillot ; veste collante aussi, courte, à manches pagodes ; chaussures d'étoffe, à orteil séparé se relevant en pouce de singe ; au milieu de leur dos, une inscription en grandes lettres chinoises blanches tranche sur tout ce noir du costume comme une devise funéraire sur un catafalque. Avec des gestes macaques, ils se tapotent sur les jarrets, pour nous faire admirer combien les muscles en sont durs ; nous tirant par les bras, par les manteaux, par les jambes, ils se disputent nos personnes avec violence.

Il y a bien quelques équipages aussi, qui attendent les dames officielles des délégations. Mais la foule s'en écarte avec crainte, comme de systèmes de locomotion nouveaux, un peu risqués ; on en tient les chevaux à deux mains comme des bêtes dangereuses.

Nous sautons presque tous dans les petits chars à une place que ces coureurs nous offrent; inutile de leur dire où il faut nous mener : au Rokou-Meïkan, cela va de soi; et ils partent comme des fous, sans attendre nos ordres. Chaque belle invitée, à peine assise sur son siège étroit, avec sa robe de bal relevée sur les genoux, est entraînée séparément, à toutes jambes, par son coureur de louage. Le mari ou le monsieur protecteur qui l'accompagnait, monté sur un petit char pareil, est entraîné de son côté, à une allure différente. Nous roulons tous dans la même direction, c'est la seule chose rassurante pour les dames seules que ces diablotins emportent; mais cela ressemble à une espèce de débandade échevelée, où il n'y a plus ni familles ni groupes.

Nous nous poursuivons, nous nous dépassons les uns les autres, avec des vitesses inégales et des soubresauts. Nos coureurs poussent des cris et s'emballent. Nous sommes très nombreux, un long cortège affolé; on a multiplié les invitations

5.

pour ce bal, où, bien entendu, pourtant, le mikado et encore moins son invisible épouse ne doivent paraître; il y aura par exemple tout le grand monde nippon, et je suis très curieux de ces *comtesses* et de ces *marquises* que je vais voir là pour la première fois, et en décolleté de soirée.

Trois quarts d'heure environ cette course dure, dans des quartiers de banlieue peu éclairés et solitaires. Autour de nous, cela ne ressemble plus à la place de la gare; c'est bien du vrai Japon qui défile maintenant très vite, de chaque côté de ces rues ou de ces routes, dans la nuit noire : maisonnettes de papier, pagodes sombres; échoppes drôles, lanternes saugrenues jetant de loin en loin dans l'obscurité un petit feu de couleur.

Enfin, enfin, nous arrivons. A la file, nos chars passent sous un portique ancien dont la toiture se retrousse par les pointes, à la chinoise; nous voici en pleine lumière, au milieu d'une sorte de fête vénitienne, au milieu d'un jardin prétentieux où d'innombrables bougies brûlent dans des ballons de papier sur des girandoles et, devant nous, se dresse le Rokou-Meïkan, très illuminé, ayant des cordons de gaz à chaque corniche, jetant des feux par chacune de ses fenêtres, éclairant comme une maison transparente.

Eh bien, il n'est pas beau, le Rokou-Meïkan. Bâti à l'européenne, tout frais, tout blanc, tout neuf, il ressemble, mon Dieu, au casino d'une de nos villes de bains quelconque, et vraiment on pourrait se croire n'importe où, à Yeddo excepté... Cependant de grandes banderoles étranges, aux armes du Mikado, flottent légèrement alentour; maintenues par des cordes invisibles, très éclairées sur le fond sombre du ciel par les mille lumières d'en bas, elles sont de crépon violet (la couleur impériale) semées de ces larges chrysanthèmes héraldiques qui, au Japon, équivalent à nos fleurs de lis. Et puis il y a une note bizarre, donnée aussi par ces arrivées à toutes jambes de coureurs essoufflés, jetant de minute en minute sur le perron d'entrée un danseur isolé, une danseuse toute seule. Singulier bal où chaque invité, au lieu de se rendre en voiture, est amené dans une brouette, par un diablotin noir.

Dans les vestibules, où le gaz flamboie, s'empressent des valets en habit noir, assez correctement cravatés, mais ayant de drôles de petites figures jaunâtres presque sans yeux.

Les salons sont au premier étage, et on y monte par un large escalier que borde une triple haie de chrysanthèmes japonais dont rien ne peut donner l'idée dans nos parterres d'automne : une haie blanche, une haie jaune, une haie rose. Dans la haie rose, qui couvre la muraille, les chrysanthèmes sont grands comme des arbres, et leurs fleurs sont larges comme des soleils. La haie jaune, placée en avant, est moins haute, et fleurie par grosses touffes, par gros bouquets d'une éclatante couleur bouton d'or. Et enfin, la haie blanche, la dernière, la plus basse, fait comme un parterre tout le long des marches, comme un cordon de belles houppes neigeuses.

En haut de cet escalier, quatre personnages — les maîtres de céans — attendent, avec des sourires, les invités à leur entrée dans les salons. Je prête peu d'attention à un monsieur en cravate blanche, décoré de plusieurs ordres, qui est le ministre sans doute ; tandis que je regarde curieusement tout de suite les trois femmes, qui se tiennent debout auprès de lui, la première surtout qui doit être évidemment la « comtesse ».

En chemin de fer, tout à l'heure, on m'a dit son histoire, à cette dame : une ancienne *guécha* (danseuse de louage pour les fêtes nipponnes) ayant su tourner la tête à un diplomate en voie de passer ministre, s'étant fait épouser, et chargée maintenant de faire les honneurs de Yeddo au monde officiel des légations étrangères.

J'attendais donc une créature bizarre, portant toilette à la chien savant... et je m'arrête surpris devant une personne au visage distingué et fin, gantée jusqu'à l'épaule, irréprochablement coiffée en femme comme il faut ; âge indéfinissable, embrouillé de poudre de riz ; longue traîne en satin d'un lilas très pâle, très discret, ornée de guirlandes de petites fleurs naturelles des bois, d'une nuance délicieusement assortie ; corsage formant gaine effilée et couvert d'une broderie rigide en perles changeantes : toilette en somme qui serait de mise à Paris et qui est vraiment bien portée par cette étonnante parvenue. — Alors, je la prends au sérieux et lui adresse un salut correct. — Le sien, correct aussi, est gracieux surtout, et elle me tend la main, à l'américaine, avec une aisance de si bon aloi que je me sens tout à fait conquis.

Rapidement j'inspecte les deux autres femmes au passage. D'abord une mignonne petite, toute en *rose mourant*, avec des camélias relevant la traîne. Et puis la dernière du groupe, sur laquelle mes yeux se seraient attardés bien volontiers, c'est la *marquise Arimasen*, jeune personne d'antique noblesse, mariée au *grand maître des cérémonies de S. M. l'Empereur* : cheveux de jais noir, relevés très haut en un chignon à la clown, suivant la mode de cet hiver-là ; jolis yeux de velours, air de petite chatte adorable; toilette Louis XV en satin ivoire. C'est d'un effet inattendu, cet alliage de Japon et de xviiie siècle français, ce gentil minois d'extrême Asie portant jupe à paniers et corsage en pointe longue, comme à Trianon.

Oh ! très bien, mesdames ; mes compliments

sincères à toutes les trois ! très amusantes les attitudes, et très réussis les déguisements.

Encore des vases d'où s'élancent de gigantesques chrysanthèmes, et puis, derrière ces dames, entre des pavillons japonais en trophées, le salon central s'ouvre tout grand, presque vide — entouré de banquettes, sur lesquelles de rares invités sont assis, avec des maintiens guindés de personnes habituées à s'accroupir par terre. A droite et à gauche, entre des colonnades ouvertes, apparaissent d'autres salons latéraux, un peu plus peuplés, où s'agitent déjà des toilettes, des uniformes ; — et deux orchestres complets, l'un français, l'autre allemand, dissimulés dans des coins, exécutent d'irrésistibles contredanses, tirées de nos opérettes les plus connues.

Ils sont vastes, ces salons, mais médiocres, il faut en convenir : une décoration de casino de second ordre. Du lustre partent en rayonnant des guirlandes de feuillages et de lanternes en papier ; tandis que sur les murs sont drapés des crépons impériaux violets à grands chrysanthèmes héraldiques blancs, ou des drapeaux chinois jaunes ou verts à dragons horribles. Et ces tentures contrastent avec la banalité des lanternes vénitiennes, de toutes les fanfreluches pendues au plafond, donnent le sentiment d'une Chine ou d'un Japon qui seraient en goguette, en fête de barrière.

Un peu trop dorés, trop chamarrés, ces innombrables messieurs japonais, ministres, amiraux, officiers ou fonctionnaires quelconques en tenue de gala. Vaguement ils me rappellent certain général Boum qui eut son heure de célébrité jadis. Et puis, l'habit à queue, déjà si laid pour nous, comme ils le portent singulièrement! Ils n'ont pas des dos construits pour ces sortes de choses, sans doute; impossible de dire en quoi cela réside, mais je leur trouve à tous, et toujours, je ne sais quelle très proche ressemblance de singe.

Oh! et ces femmes!.. Jeunes filles à marier sur les banquettes, ou mamans rangées en tapisserie le long des murs, toutes sont plus ou moins étonnantes à voir en détail. Qu'y a-t-il en elles qui ne va pas? On cherche, on ne peut trop définir : vertugadins excessifs, peut-être, ou insuffisants, posés trop haut ou trop bas, et corsets d'un galbe inconnu. Pas de figures communes ni grossières cependant, des mains fort petites et des toilettes venues tout droit de Paris... Non, mais elles sont étranges malgré tout, elles sont invraisemblables au dernier point, avec le sourire de leurs yeux bridés, leurs pieds tournés en dedans et leur nez plat. Évidemment on nous a montré tout à l'heure à la porte ce qu'il y avait de mieux dans le genre, les grandes élégantes de la capitale, les seules sachant déjà porter nos tenues d'Europe.

A dix heures, entrée de l'ambassade du Céleste-Empire : une douzaine de personnages superbes, aux yeux moqueurs, dépassant de la tête toute cette minuscule foule japonaise. Chinois de la belle race du Nord, ils ont dans leur démarche, sous leurs soies éclatantes, une grâce très noble. Et puis ils font preuve de bon goût, ceux-ci, et de dignité, en conservant leur costume national, leur longue robe magnifiquement brochée et brodée, leur rude moustache retombante et leur queue.

Avec des sourires contenus, tout en jouant de l'éventail, ils font le tour de ces salons et de cette mascarade, puis s'en vont, dédaigneux, s'isoler en plein air, s'asseoir sur une terrasse à balcon qui domine le jardin illuminé, la fête vénitienne.

Dix heures et demie : entrée des princesses du sang et des dames de la cour. Par exemple, c'est une entrée surprenante, celle-ci, autant qu'une apparition de gens d'un autre monde, de gens tombant de la lune ou bien de quelque époque perdue du passé.

C'est pendant une pastourelle, sur un air de *Giroflé-Girofla*; on voit apparaître deux groupes de petites femmes, petites, petites, pâlottes et de sang épuisé, s'avançant avec des airs de fées lilliputiennes, ayant des vêtements inouïs et des coiffures qui leur font d'énormes têtes de sphinx. Ces costumes qu'elles portent, on ne les a jamais vus nulle part, ni dans les rues d'aucune ville japonaise, ni sur les écrans, ni sur les images; ils sont, paraît-il, de tradition immémoriale pour la cour et ne se montrent point ailleurs.

Babouches de Cendrillon, d'un rouge merveilleux ; pantalons de soie écarlate, larges, bouffants, s'élargissant par le bas d'une manière démesurée et se tenant tout debout, leur faisant à chaque jambe comme une jupe à crinoline dans laquelle leur marche s'entrave avec de grands frou-frous. Par là-dessus, une espèce de camail à la prêtre, blanc ou gris perle, semé de rosaces noires ; l'étoffe en est magnifique, lourde, et d'une excessive rigidité de brocart. Tout le vêtement tombe, d'un seul pli raide, depuis le cou très mince jusqu'à la base très large de ces femmes-idoles ; leurs petits corps mièvres, leur petites épaules fuyantes, qui sont probablement dessous, ne se devinent à aucun contour ; et leurs petits bras, leurs petites mains frêles, sont perdus dans de longues manches pagodes qui descendent de droite et de gauche, tout d'une pièce, comme des cornets renversés. (Vues de près, ces rosaces noires, semées sur ces camails clairs, représentent des monstres, des oiseaux, des feuillages arrangés en rond ; elles varient pour chaque personne, et sont le blason familial, les armes de la noble dame.) Ce qu'il y a de plus inimaginable chez ces femmes, assurément c'est la coiffure. Les beaux cheveux noirs, lissés, gommés, étalés sur je ne sais quelle charpente intérieure, s'éploient autour du petit visage jaune et mort, comme une large roue de paon, comme un large éventail; puis toute la masse soyeuse se replie brusquement, avec une cassure de bonnet égyptien, retombe à plat sur la nuque, et s'amincit en catogan, finit en queue. Il en résulte des têtes tout en largeur, comme les corps; cela accentue davantage l'écrasement des profils, de même que ces vêtements raides exagèrent le manque de saillie des hanches et des poitrines. On dirait des personnes échappées d'entre les feuillets de quelque vieux livre, où on les aurait conservées pendant des siècles, en les aplatissant comme des fleurs rares dans un herbier. Laides peut-être, — encore n'en suis-je pas sûr, — laides, mais souverainement distinguées, et ayant un charme malgré tout. L'air assez méprisant pour cette fête qui tourbillonne autour d'elles, gardant un sourire énigmatique dans leurs yeux à peine ouverts, toutes vont s'asseoir ensemble à l'écart, dans un des salons latéraux, et forment, au milieu de ce bal, un groupe d'aspect mystérieux.

Des officiers japonais fort civils nous font les honneurs de leur pays, nous mettent en relation avec plusieurs danseuses, leurs parentes ou leurs amies : —*Permettez-moi de vous présenter à mademoiselle Arimaska, — ou Kounitchiwa, — ou Karakamoko, la fille d'un de nos plus vaillants officiers d'artillerie, — ou la sœur d'un de nos ingénieurs les plus distingués* (sic). — Ces demoiselles Arimaska, ou Kounitchiwa, ou Karakamoko, sont en robe de gaze blanche, ou rose, ou bleue, mais ont toutes la même figure : un petit minois comique de chatte, bien rond, bien aplati, avec des yeux bien retroussés en amande, qu'elles roulent de droite et de gauche sous des cils chastement baissés. Au lieu de ce fagotage et de ce bon maintien, elles seraient si mignonnes en Japonaises, en *mousmés*, avec des éclats de rire !

Elles tiennent à la main d'élégants carnets de bal, nacre ou ivoire, sur lesquels je m'inscris gravement pour des valses, des polkas, des mazurkas, des lanciers. Mais comment les reconnaîtrai-je, les demoiselles Arimaska des demoiselles Karakamoko, et les Karakamoko des Kounitchiwa, quand il sera temps de venir les prendre, aux premières mesures de la danse promise? Cela m'inquiète beacoup, tant elles se ressemblent toutes; vraiment je vais être très embarrassé tout à l'heure au milieu de cette uniformité de minois...

Elles dansent assez correctement, mes Nipponnes en robe parisienne. Mais on sent que c'est une chose *apprise*; qu'elles font cela comme des automates, sans la moindre initiative personnelle. Si par hasard la mesure est perdue, il faut les arrêter et les faire repartir; d'elles-mêmes, elle ne la rattraperaient jamais et continueraient de danser à contretemps. Cela s'explique assez bien, du reste, par la différence radicale entre nos musiques, entre nos rythmes et les leurs.

Leurs petites mains sont adorables sous les longs gants clairs. C'est que ce ne sont point des sauvagesses qu'on a déguisées là; bien au contraire, ces femmes appartiennent à une civilisation beaucoup plus ancienne que la nôtre et d'un raffinement excessif.

Leurs pieds, par exemple, sont moins réussis. D'eux-mêmes ils se retournent en dedans, à la vieille mode élégante du Japon; et puis ils gardent je ne sais quelle lourdeur, de l'habitude héréditaire de traîner les hautes chaussures de bois.

On danse avec un semblant d'entrain, et le plancher de la grande bâtisse légère tremble en cadence d'une manière inquiétante; on a tout le temps présente à l'esprit quelque dégringolade possible et formidable sur la tête des messieurs qui sont dans les salons du rez-de-chaussée fumant des londrès ou jouant au whist pour se donner un air européen.

Une de mes impressions inattendues est d'entendre des mots japonais sortir de la bouche de ces danseuses modernisées. Jusqu'ici, je n'avais employé cette langue qu'à Nagasaki, avec des petits bourgeois, des marchands, des gens du peuple, tous en longue robe de magot. Avec ces femmes en toilette de bal, je ne trouve plus mes expressions.

Afin de me mettre à la hauteur, j'essaie d'employer les formes élégantes et les conjugaisons honorifiques en *dégosarimas*. (Pour les gens de belles manières, il est d'usage, entre autres préciosités, d'intercaler *dégosarimas* au milieu de chaque verbe après le radical et avant la désinence : c'est d'un effet bien plus pompeux que notre misérable imparfait du subjonctif français.) Et ici, naturellement, ce *dégosarimas*, on l'entend partout ; — il est la dominante des conversations si extraordinairement polies qui bourdonnent dans ce bal, avec des ris légers.

Mon japonais les étonne ; elles n'ont pas coutume d'entendre les officiers étrangers s'essayer à parler leur langue, et elles mettent à me comprendre toute la bonne volonté possible.

La plus gentille de mes danseuses est une petite personne en rose éteint avec bouquets pompadour, — quinze ans au plus, — *la fille d'un de nos plus brillants officiers du génie* (une demoiselle Miogonitchi ou une Karakamoko, je ne sais plus bien). Encore très bébé, et sautant de tout son cœur, fort distinguée dans son enfantillage, elle serait vraiment jolie si elle était mieux ajustée, s'il ne manquait à sa toilette le je ne sais quoi indéfinissable. Elle me comprend très bien, celle-ci, et corrige avec un charmant petit sourire, chaque fois que je fais quelque énorme faute en *dégosarimas*.

Quand finit la valse du *Beau Danube bleu* que nous dansions ensemble, je m'inscris sur son carnet pour deux valses suivantes : au Japon cela peut se faire.

A ce rez-de-chaussée, en plus des fumoirs, des salons de jeu, des vestibules ornés d'arbustes nains et de gigantesques chrysanthèmes, il y a trois grands buffets fort bien servis, — et on y descend de temps à autre par l'escalier que borde la belle haie triple de fleurs blanches, jaunes et roses. Sur les tables couvertes d'argenterie et de pièces montées, gibiers truffés, pâtés, saumons, sandwichs, glaces, tout se trouve en abondance comme dans un bal parisien bien ordonné; des fruits d'Amérique et du Niphon sont rangés en pyramides dans d'élégantes corbeilles, et le champagne est des meilleures marques.

La préciosité japonaise se rappelle, dans ces buffets, par des bosquets de poupée, en treillage doré avec pampres artificiels, où sont accrochés d'excellents raisins : on en détache soi-même les grappes que l'on désire offrir à sa danseuse, et ces petites vendanges à la Watteau sont du dernier galant.

Bien qu'on m'ait prévenu que c'est une chose contraire à toute étiquette, absolument inadmissible, après avoir dansé avec tant de Nippones en robe française, je m'en vais là-bas, vers le groupe un peu hiératique dont l'étrangeté m'attire, inviter une belle mystérieuse en vieux costume de cour.

Devant l'air un peu moqueur de la dame qui me regarde approcher, me défiant de mon japonais détestable, je fais ma demande en français très pur. Elle ne comprend pas, naturellement; ne devine même pas, tant c'est inattendu, — et, des yeux, en appelle une autre, assise derrière elle, qui du reste s'était levée d'elle-même en voyant le commencement de ce colloque sans présentation, comme pour y mettre bon ordre. Et celle-ci, debout maintenant, sa forme de femme perdue dans son vêtement rigide à grandes rosaces blasonnées, fixe sur moi de jolis yeux intelligents, subitement élargis comme au sortir d'une espèce de sommeil, et très éveillés, très noirs :

— Monsieur ? dit-elle en français, avec un accent d'une distinction bizarre, — monsieur ? que lui demandez-vous ?

— L'honneur de danser avec elle, madame.

Brusquement ses sourcils minces remontent très haut; en une seconde, toutes les nuances de la surprise passent dans son regard, et puis elle penche vers l'autre le large écran noir de sa tête et lui traduit l'étonnante chose que j'ai demandée.
— Sourires, — et leurs deux paires d'yeux étranges se relèvent vers moi. Très gracieuse, très gentille malgré mon audace, celle qui parle français me remercie, expliquant que sa compagne, pas plus qu'elle-même, ne sait nos danses nouvelles. C'est probablement la vérité; mais cette raison n'est pas la seule : le décorum s'y oppose complètement, je le savais. Je le conçois d'ail-

leurs, car je me figure tout à coup ce camail de prêtre, cette tête énorme, ce catogan, s'avançant en dame seule dans une contredanse sur un air guilleret d'Offenbach, et cette vision rapide me fait rire en moi-même comme une extrême incohérence...

Il ne me reste qu'à m'incliner profondément, en salut de cour. Les deux larges écrans de cheveux noirs s'inclinent aussi, avec de bienveillants sourires, avec des frou-frous de soie, — et je me retire sur cette défaite, regrettant de ne pouvoir continuer la conversation avec la dame interprète dont le son de voix et l'expression d'yeux m'ont charmé.

Les danses se succèdent, les quadrilles français alternant avec les valses allemandes. Et le temps du bal s'écoule vite; la fin approche, car on se retirera de bonne heure.

Çà et là, dans les coins, des choses comiques se passent. Ici, deux officiers généraux, claque sous le bras et pantalon à bande d'or, s'abordent et s'oublient jusqu'à se saluer à la japonaise, les mains sur les genoux, le corps plié en deux, avec le sifflement spécial qu'il est d'usage de faire du bout des lèvres dans ces occasions-là. Ou bien deux élégantes toilettes un peu Louis XV, à long buste, qui sont en train de se *dégosarimasser* des compliments sans fin, se font après chaque phrase des révérences qui s'accentuent de plus en plus, jusqu'à devenir le plongeon du vieux style.

Étonnées, égarées, rôdant au milieu des salons avec des allures de linottes effarouchées mais rieuses quand même, il y a deux ou trois petites Nipponnes, vrais *mousmés*, encore en costume national ; — non pas dans le rigide costume de cour, mais dans le costume ordinaire, celui qu'on a vu partout sur les potiches et les éventails : tunique ouverte à manches pagodes, coiffure en grandes coques, sandales de paille et chaussettes à orteil séparé. Très mignonnes, celles-ci, jetant une jolie drôlerie exotique dans l'ensemble de cette immense farce officielle.

Minuit et demi. C'est ma troisième et dernière

valse avec ma petite danseuse à bouquets pompadour, *fille d'un de nos plus brillants officiers du génie.*

Vraiment elle est tout à fait habillée comme une jeune fille à marier de notre pays (un peu provinciale, il est vrai, de Carpentras ou de Landerneau) et elle sait manger proprement les glaces avec une cuiller, du bout de ses doigts bien gantés. — Tout à l'heure pourtant, en rentrant chez elle, dans quelque maison à châssis de papier, elle va, comme toutes les autres femmes, quitter son corset en pointe, prendre une robe brodée de cigognes ou d'autres oiseaux quelconques, s'accroupir par terre, dire une prière shintoïste ou bouddhiste, et souper avec du riz dans des bols, à l'aide de baguettes... Nous sommes devenus très camarades, cette brave petite demoiselle et moi. Comme la valse est longue, — une valse de Marcailhou — et qu'il fait chaud, nous imaginons d'ouvrir une porte-fenêtre et de sortir par là, afin de prendre l'air sur la terrasse. Nous avions oublié l'ambassade Céleste, qui depuis le commencement du bal avait élu domicile dans ce lieu frais, et nous tombons au milieu du cercle imposant qu'elle forme avec ses longues robes et ses moustaches à la mongole.

Tous ces yeux chinois, rendus un peu insolents peut-être par les récentes affaires du Tonkin, nous regardent, étonnés de notre arrivée. Nous les regardons aussi, et nous voilà, nous dévisageant les uns les autres avec ces curiosités froides et profondes de gens appartenant à des mondes absolument différents, incapables de jamais se mêler ni se comprendre.

Au-dessus de cette rangée de têtes, coiffées en bonnets de mandarin et en queues, apparaît le jardin, les restes de la fête vénitienne à moitié éteinte; et enfin, au loin, une grande étendue de nuit noire : la banlieue d'Yeddo où sont clairsemées quelques lanternes rouges.

En l'air flottent toujours les banderoles aux armes du mikado, les crépons violets semés de chrysanthèmes héraldiques blancs. Derrière nous sont les salons, ornés de chrysanthèmes naturels mais invraisemblables, et dans lesquels beaucoup d'uniformes, de robes claires, se tiennent alignés, immobilisés en rang, entre deux figures de quadrille.

La petite provinciale de Carpentras ou de Landerneau appuyée à mon bras me dit des choses fort civiles, en *dégosarimas*, sur la fraîcheur du soir, sur le temps qu'il pourra faire demain. Et tout à coup, pour comble de discordance, l'orchestre allemand qui est à l'intérieur, émoustillé par le *pale-ale* américain, attaque à tour de bras le refrain persifleur de la *Mascotte* : « *Ah ! n'courez donc pas comm'ça, on les rattrape, on les rattrapera !* » Tandis que, en bas, au bout du jardin, derrière un jet d'eau, éclate une pièce d'artifice, un *bouquet* étrange, éclairant toute une foule japonaise qui était tassée aux abords de ce Rokou-Meïkan, qu'on ne soupçonnait pas dans l'obscurité, et qui jette, par admiration, une bizarre clameur...

A l'orchestre, reprise échevelée : « *On les rattrape, on les rattrape, on les rattrapera !* » Dans ce méli-mélo universel et inouï, mes notions sur les choses se voilent d'un brouillard léger. Je presse amicalement contre mon bras celui de mademoiselle Miogonitchi (ou Karakamoko); il me vient en tête une foule de choses, comiques mais innocentes, à lui dire dans toutes sortes de langues à la fois; le monde entier, en cet instant, m'apparaît rapetissé, condensé, unifié, et absolument tourné au drolatique...

Cependant les groupes commencent à s'éclaircir, les salons à se vider. Plusieurs dames ont fait des sorties à l'américaine. Plusieurs danseuses encapuchonnées, plusieurs cavaliers à collet relevé se sont abandonnés isolément aux soins des diablotins noirs qui les guettaient à la porte et qui les ont emportés à toutes jambes, dans leur brouette, à travers la nuit noire.

Moi-même, je vais me livrer à l'un de ces *djin* coureurs, afin de ne point manquer ce train spécial de retour à Yokohama qui, d'après ma carte d'invitation, doit partir à une heure du matin de la gare de Shibachi.

En somme, une fête très gaie et très jolie, que ces Japonais nous ont offerte là avec beaucoup de bonne grâce. Si j'y ai souri de temps en temps, c'était sans malice. Quand je songe même que ces costumes, ces manières, ce cérémonial, ces danses, étaient des choses apprises, apprises très vite, apprises par ordre impérial et peut-être à contre-cœur, je me dis que ces gens sont de bien merveilleux imitateurs et une telle soirée me semble un des plus intéressants tours de force de ce peuple, unique pour les jongleries.

Cela m'a amusé de noter, sans intention bien méchante, tous ces détails, que je garantis du reste fidèles comme ceux d'une photographie avant les retouches. Dans ce pays qui se transforme si prodigieusement vite, cela amusera peut-être aussi des Japonais eux-mêmes, quand quelques années auront passé, de retrouver écrite ici cette étape de leur évolution ; de lire ce que fut un bal décoré de chrysanthèmes et donné au Rokou-Meïkan pour l'anniversaire de la naissance de S. M. l'empereur Muts-Hito[1], en l'an de grâce 1886.

1. Pour ne blesser aucun des personnages, j'ai changé tous les noms, excepté celui de l'empereur Muts-Hito.

EXTRAORDINAIRE CUISINE

DE DEUX VIEUX

A Henri de Mira.

Un clair matin d'octobre, au gai soleil levant, je pars d'Yokohama, me rendant peu importe où, vers l'intérieur de l'île Niphon, — suivi d'Yves, cela va de soi.

Dans nos petits chars roulés par des hommes coureurs, nous commençons notre voyage grand train, roulés très vite, le visage cinglé par l'air vif et froid de l'automne.

Une heure durant, nous suivons le *Tokaïdo* (ou « route de la mer Orientale »), qui est la plus grande et la plus ancienne voie de communication de l'empire japonais. Tout le long, c'est une suite ininterrompue de boutiques, de maisons-de-thé, d'auberges : les unes encore pimpantes, couvertes de peinturlures, de lanternes, de banderoles en papier ; les autres — le plus grand nombre, — racornies et noirâtres, ayant un air d'extrême vieillesse. Murailles en bois toujours ; toitures très hautes, — toutes en chaume et uniformément couronnées d'une sorte de crinière verte : une plate-bande d'herbes et de feuilles d'iris qui s'est formée d'elle-même au faîte de chaque maisonnette. Autour de nous défilent des paysages très gentils, des collines boisées, des petites pagodes placées ingénieusement çà et là parmi les arbres, des ruisseaux bien frais sous des bambous.

Beaucoup de monde sur cette « route de la mer Orientale », un va-et-vient continuel ; des cris de marchands, des rires, des empressements, des rencontres de bonshommes dératés courant à toutes jambes, s'arrêtant une minute devant l'auberge pour avaler un bol de riz, une tasse de thé, — puis repartant ventre à terre, en sens inverse. Quelques chevaux harnachés de pendeloques multicolores. Mais surtout des hommes coureurs, des hommes porteurs, des hommes faisant tous les métiers de force et de vitesse qui, chez nous, sont confiés à des bêtes : les uns roulant à grande allure dans des *djin-richi-ka*, les drôles de petites dames pâlottes, les vilains petits messieurs japonais; d'autres, plus lents, plus forts, étonnamment trapus et tout en muscles, attelés comme des bœufs à de lourdes charretées de pierre. Et des défilés de gens du peuple, portant, sur des bâtons, des ballots de riz, des ballots d'étoffes, des caisses de porcelaine; d'énormes potiches pour l'exportation, cheminant en cortège, à dos humain, chacune emmaillotée dans un étui de paille comme nos bouteilles de champagne. — Tout le mouvement, toute la vie d'une grande artère commerciale, dans le plus bizarre des pays du monde.

Après une première heure de voyage, nous quittons ce « Tokaïdo » pour entrer dans des campagnes tranquilles, par des sentiers où nos coureurs sont forcés de ralentir leur allure folle.

Engagés maintenant dans une série de petites

allées qui se succèdent toutes pareilles, nous suivons les sinuosités de ces espèces de couloirs de verdure, ayant partout et constamment notre horizon fermé par des collines boisées, dont les formes gracieuses se répètent indéfiniment, toujours semblables. Les bois sont d'un beau vert, à peine rougi çà et là par l'automne. Le long du sentier, toujours des rizières et des champs de mil; ou bien des vergers dont les arbres, tous d'une même essence particulière au Japon, sont chargés de fruits d'une belle couleur d'or.

Plus nous nous avançons dans ce pays, plus cela devient calme, après l'agitation de la grande route ; plus cela devient pastoral, avec un air d'autrefois.

De temps en temps, des villages, nichés dans la verdure. Alentour, des gens travaillent la terre : paysans vêtus de longues robes en coton de teinte sombre, ou bien tout nus montrant leur corps jaune ; hommes et femmes à grands cheveux, pareillement coiffés d'un mouchoir bleu clair noué en fanchonnette sous le menton. Aux abords des villages, une prodigieuse quantité de bébés, accourant avec de gentils sourires, pour nous voir et nous faire déjà des révérences de cérémonie. Petites figures de chats; petites têtes comiques, rasées par places en manière de jardin anglais, avec plate-bande de cheveux au-dessus de chaque oreille, et, vers la nuque, d'autres ronds-points d'où partent des queues impayables. Toutes les petites filles, dès qu'elles ont sept ou huit ans, portent, à cheval sur les reins, un frère cadet qu'elles trimbalent, secouent, dans leurs jeux et leurs courses, et qui rit ou qui dort sans jamais crier. Le bébé est attaché sur le petit dos de la sœur aînée par des bandes d'étoffe, attaché si bien que les deux minois semblent appartenir au même personnage; — Yves imagine, pour les désigner, cette appellation que je n'aurais pas trouvée : des enfants à deux têtes.

Devant les maisons, il y a des jardinets très soignés, entourés de haies bien taillées, bien correctes; à côté de quelques fleurs inconnues, il y pousse des dahlias comme en France, des zinias, des marguerites-reines, des roses de Bengale — plus petites que les nôtres et plus rouges, — et, naturellement, des anémones-du-Japon. Au lieu des pommiers de nos campagnes françaises, couverts à cette saison de pommes jaunes ou rouges, ici, toujours ce même arbre : le *kaki,* dont le feuillage ressemble à celui du néflier et dont les fruits sont d'une couleur dorée encore plus éclatante que celle des oranges.

A tous les angles du chemin que nous suivons, des petits bouddhas en granit sont plantés, comme chez nous, les saints et les calvaires. En général, ils sont plusieurs de compagnie, alignés bien en rang, sous un toit de bois qui les abrite de la pluie ; quelques-uns même portent des collerettes en drap rouge, des colliers de perles, des bracelets. Devant eux, des vases grossiers où trempent des fleurs. C'est un Japon tout à fait campagnard que nous traversons à présent. Beaucoup de pagodes ; le moindre village en a deux ou trois, — posés toujours sur des monticules, à l'ombre de grands arbres ; on y monte par des escaliers raides, aux marches de bois ou de granit, en passant toujours sous deux ou trois de ces portiques religieux appelés *tori,* dont la forme, éternellement la même, est d'une étrangeté mystérieuse.

Au milieu des rizières fauchées, des mils fauchés et encore verts, notre chemin ne monte ni ne descend : nous sommes toujours en plaine, mais toujours resserrés entre ces mêmes collines qui nous enferment comme des murailles. Séparément chaque petite vallée a beau être riante, fraîche, l'ensemble est inquiétant et un peu triste, — à cause de cette impression que l'on a, d'en laisser derrière soi tant d'autres semblables, desquelles il faudra ressortir par ce même et unique sentier. Elles se suivent, se croisent, s'enchevêtrent en labyrinthe, et, à la longue, cela oppresse de se sentir enfoncer de plus en plus dans ce pays muré, sans horizon, sans vue...

... A un détour du chemin, un peu endormis que nous sommes par la monotonie du voyage et par les cahots de nos chars, nous éprouvons tout à coup une grande indignation (dans la première minute de surprise, bien entendu, avant d'avoir eu le temps de comprendre) : devant une maison isolée, un vieux et une vieille, pour les manger sans doute, font cuire deux petites filles !... Une grande cuve de bois pleine d'eau est près d'eux, posée sur un trépied, au-dessus d'un feu de branchages très clair ; dedans, ces deux petites filles, de six ou huit ans, dont les têtes émergent encore et nous apparaissent à travers une légère fumée !...

Tout simplement, elles prennent un bain... que l'on réchauffe à mesure de peur qu'elles n'attrapent un refroidissement. — Mais, en vérité, elles ont l'air d'avoir été mises là pour bouillir : on dirait d'une soupe aux petites filles préparée pour quelque Gargantua cannibale...

Et si contentes, toutes deux, de gambader dans l'eau tiède ; — et si amusées de ce que nous passons précisément à ce moment-là, faisant mille singeries à notre intention, dansant, plongeant avec un jet d'éclaboussures, ou bien se redressant debout, toutes nues, comme des diablotins qui sortent d'une marmite ! Et ces deux vieux Nippons — grand-père et grand'mère évidemment, chevelures blanches autour de visages en parchemin jaune — assis sur leur porte, surveillant ce bouillon avec une tendre bonhomie, et riant eux-mêmes de nous voir rire...

Cela fuit promptement derrière nous, cette maisonnette solitaire, cette cuisine, cette gaieté de braves gens que nous ne reverrons jamais, — et nous continuons de courir dans les rizières maintenant désertes, entre les petites montagnes toujours pareilles, emportant de notre méprise première un souvenir très drôle, qui sans doute nous amusera longtemps.

TOILETTE D'IMPÉRATRICE

A S. A. la princesse L. Murat.

La toilette que je vais essayer de décrire fut celle d'une grande impératrice guerrière. On la conserve enveloppée de soie blanche, dans une boîte de laque. La boîte est gardée dans le trésor d'un temple. Et le temple qui, jadis, était au milieu d'une ville magnifique, est dans les bois à présent (car la ville d'alentour a disparu depuis bien des siècles, émiettée peu à peu sous la verdure).

La souveraine s'appelait Gziné-gou-Koyo, et régnait sur le Japon d'autrefois. L'histoire nous apprend que, vers l'an 200, elle revint du continent asiatique, à la tête de ses flottes et de ses armées, victorieuse des Coréens après trois ans d'une terrible guerre. Elle rapportait dans son sein la promesse d'un héritier pour le trône — et son époux, qui pendant cette longue campagne avait gardé le palais, s'étonna d'abord ; mais l'impératrice lui expliqua comment les dieux, sur sa prière, avaient retardé de trente-six mois sa gestation. Elle mourut bientôt en donnant le jour à un petit empereur qui, dès l'âge de trois ans, alla rejoindre sa mère dans les demeures éternelles. Après leur mort, les prêtres réunirent leurs deux âmes en une seule qu'ils divinisèrent sous ce nom mystique « les Huit-Drapeaux » et le peuple japonais leur consacra un grand temple, dans lequel sont conservées, depuis dix-sept siècles, leurs saintes reliques.

Pour aller visiter ce temple des « Huit-Drapeaux », il faut faire plusieurs lieues, en char-à-bras, dans des campagnes vertes, tranquilles, solitaires, sillonnées par des chaînes de collines basses qui les découpent en petites vallées innombrables et pareilles.

Puis, tout à coup, quand on est très près d'arriver, la vallée où l'on court se fait plus grande et plus large, entre des contreforts de collines plus hautes. En même temps, l'ombre s'épaissit et l'on pénètre sous une voûte d'arbres gigantesques : les cèdres japonais, qui sont aussi droits que les colonnes des temples et dont les branches sont disposées d'une manière symétrique comme des bras de candélabre. Des avenues désertes et envahies par les herbes s'ouvrent de droite et de gauche dans l'imposante futaie. Çà et là apparaissent des portiques sacrés, d'aspect très ancien, à demi perdus sous les sombres ramures, et des bassins d'eau dormante, tout remplis de lotus. — Alors les coureurs qui vous roulent, s'arrêtent et se retournent pour vous annoncer que vous entrez dans Kamakura, — qui fut jadis une ville immense.

« Vers le XIe siècle, nous disent les vieux livres peints à l'encre de Chine, — bien avant Yeddo la capitale contemporaine, — avant la sainte

Kioto qui l'a précédée, — florissait Kamakura, qui fut pendant quatre cents ans la résidence des puissants princes du Japon. »

— Mais, où est-elle donc, cette ville que les coureurs annoncent ? On regarde autour de soi, dans les profondeurs du bois, et on n'aperçoit rien. — Inutile de chercher les maisons, répondent les coureurs ; il n'y en a plus. Les temples seuls sont restés debout, par-ci, par-là sous l'envahissement vert, et les avenues se voient encore, à peu près tracées, mais vides et silencieuses à présent. La capitale, qui fut si grande, si bruyante et si luxueuse, où le grand Yoritomo tenait, en l'an 1200, sa cour académique et ses tournois de poètes, — s'est effondrée, pulvérisée. Elle était en bois ; on l'a emportée par morceaux, ou bien elle s'est vermoulue, pourrie, ne laissant même pas de ruines. Et maintenant tout y est noyé dans la verdure ; c'est devenu le bocage, la forêt, le désert.

Aujourd'hui 12 novembre, dans ce bois qui fut

une ville, les cigales chantent partout, au dernier soleil d'automne; les gerfauts jettent dans l'air leur : « Han! han! han! » qui est un bruit particulier aux campagnes japonaises, et les corbeaux poussent leurs croassements lugubres. Le temps est encore tiède, la lumière encore claire ; mais les lotus, déjà touchés par le froid des matins, penchent sur l'eau leurs feuilles jaunies. La mélancolie de novembre s'ajoute à celle de toute cette antiquité morte qu'on sent autour de soi tombée sous l'herbe et la mousse.

En effet, les temples sont restés debout; on aperçoit maintenant de tous côtés leurs portiques sombres, leurs hautes toitures étranges, mêlées aux branches des cèdres.

Et voici celui des « Huit-Drapeaux » qui les domine tous. Il est sur une montagne, à mi-côte, dans un bois.

Une longue vallée y conduit, régulière comme une gigantesque rue; on la dirait ouverte là tout exprès pour le plaisir contemplatif de ces âmes divinisées qui, du haut de leurs terrasses tranquilles, peuvent regarder au loin par l'interminable trouée droite; elle est plantée en son milieu d'une avenue de cèdres énormes alignés à perte de vue; deux rangées de collines symétriques la bordent, collines japonaises, ayant toujours des formes qui ne semblent pas naturelles, ayant des sommets comme des petites coupoles, comme des petits dômes.

Nous sommes les seuls passants aujourd'hui, dans cette avenue où le bruit de nos roues et de nos coureurs s'éteint sur la mousse, — et, au bout du couloir vert, sur la montagne qui le ferme, le temple nous apparaît, parmi les vieux arbres du bois, avec ses murailles d'un rouge sombre, et toutes les pointes et toutes les cornes superposées de ses toits noirs.

Ce n'est point pour le temple que j'ai fait le voyage, — car j'en ai déjà tant vu, et de si merveilleux, dans ce Japon qui en est rempli !

Non, je suis venu pour cette robe d'impératrice que l'on conserve là-haut; j'ai un désir de la regarder et de la toucher. Certains personnages d'histoire ou de légende s'installent quelquefois dans notre imagination à des places d'honneur, sans que nous sachions pourquoi, — et j'ai pour cette guerrière aventureuse un sentiment rétrospectif qui est comme un semblant très original d'amour. Une coïncidence a donné vie à l'image d'elle que je m'étais formée : le soir du jour où j'avais lu son histoire, il m'a été permis de contempler un moment, au fond des jardins murés du palais d'Yeddo, la mystérieuse impératrice actuelle. Et j'ai identifié la femme vivante avec la femme passée ; celle d'aujourd'hui assez différente, sans doute, de celle d'autrefois, plus frêle à force d'affinement, fille d'une race trop vieille ; mais les mêmes yeux à peine ouverts et froidement dominateurs, le même petit nez légèrement courbé en bec d'aigle, le même sourire et le même charme d'incompréhensible déesse... J'ai eu la vision très intense de la souveraine antique, passant sur son cheval d'arme, suivie de « ses guerriers-à-deux-sabres » coiffés de cornes et masqués de figures de monstres, — exquise et froide au milieu de toute la pompeuse épouvante des batailles...

. . . .

A l'extrémité de l'avenue, près des jardins abandonnés qui entourent la base du temple, il y a encore, de chaque côté, quelques maisonnettes alignées, formant comme le reste d'une rue : *maisons-de-thé*, hôtelleries à l'usage des pèlerins et des curieux qui viennent visiter les reliques. C'est une sorte de village pas ordinaire, perdu dans les arbres et la mousse, et aligné pourtant d'une façon large et majestueuse, comme était autrefois cette grande artère de la capitale morte.

Nous déjeunerons là avant de monter au temple. Nos coureurs nous mènent à une vaste auberge noirâtre qui est, disent-ils, la plus fameuse. A ses dimensions, à ses lourdes solives sculptées, on dirait une ancienne habitation de seigneurs.

C'est au premier étage, par terre, sur les inévitables coussins de velours noir, qu'on nous sert un traditionnel repas de poupées, dans de jolies petites tasses bleues, sur des amours de petits plateaux en laque. (D'un bout à l'autre du Japon ces choses-là se ressemblent.) Et, naturellement, la maîtresse du logis et ses servantes nombreuses, coiffées toutes en grandes coques de cheveux irréprochables, viennent, après beaucoup de révérences, s'asseoir à nos côtés afin de nous égayer par de gentils rires. La pièce où nous déjeunons est spacieuse et nue ; dans un coin, se dresse un autel à ancêtres très ancien, avec sa garniture de petits vases étranges et ses ors noircis par la fumée des baguettes d'encens. Derrière nous un paravent déployé dans toute sa longueur, comme la toile de fond d'un décor au théâtre, représente un inquiétant paysage : le ciel est tout en or vert, uniformément, avec une seule bande de nuages noirs. Sur ce fond glacé, des rideaux d'arbres, dénudés comme en hiver, se découpent en perspectives fuyantes le long d'un fleuve d'eau rose. Au premier plan, sur une berge de vase, s'étalent d'énormes méduses peintes en couleurs livides. Et sur les lointains rosés de ce fleuve, s'en vont, s'en vont je ne sais où, vers une grosse lune pâle qui se lève au ras du sol, deux jonques remplies de guerriers à masques de monstres...

Dans tout cela, rien de vulgaire, rien de grossier ; du reste, au Japon, jamais : les moindres choses ont, dans leur étrangeté, toujours une pointe de distinction. Mais vraiment ces petites bonnes femmes assises près de nous sont trop mièvres pour le site d'alentour, et leur rire est plus agaçant dans la mélancolie grandiose de ce bois plein de ruines.

Je leur tourne le dos pour regarder dehors par la véranda ouverte. Là, mes yeux se reposent tranquillement sur ces séries de collines boisées qui se chauffent au clair soleil d'automne. — Cette vallée, décidément, n'est pas vraisemblable ; elle est dans des dimensions fausses, et puis elle est trop régulière ; on la croirait faite exprès pour donner plus de majesté et de mystère à ce temple qui est au bout, noir et rouge, parmi les cèdres. Quel calme, quelle jolie lumière douce, aujourd'hui, sur toute cette verdure qui recouvre la ville morte... De temps en temps, des vols de corbeaux s'abattent sur le sol, sur la mousse fraîche semée de feuilles jaunes, — et les cigales chantent comme en été...

Au dessert, une fâcheuse nouvelle nous arrive par un de nos coureurs : les prêtres gardiens des « Huit-Drapeaux » sont en pèlerinage à quelques lieues d'ici et ne rentreront qu'à la tombée du jour; personne là-haut pour nous ouvrir les portes, ni les coffrets de laque où sont enfermées les reliques.

Il faut nous promener ailleurs, en attendant qu'ils reviennent. Dans cet étrange bois où nous sommes, les choses curieuses à voir ne manquent pas; entre autres il y a le « Grand-Bouddha » de bronze, qui est une des idoles les plus énormes du Japon. Nous irons, faute de mieux, lui faire une visite.

Nous voilà donc errant à pied, sous ces arbres aux ramures maniérées et légères que les Japonais excellent à peindre en les exagérant. Par des petits sentiers solitaires, fleuris de scabieuses, où nos coureurs reposés nous servent de guides, nous cheminons sans conviction, et un peu déçus, vers ce Grand-Bouddha de bronze. Partout des temples, dans ce dédale de petites vallées où fut Kamakura; en arrivant dans cette région de verdure, nous ne les avions pas vus, nous ne nous en étions pas doutés. Les uns, encore entretenus, dressant leurs cornes sombres au fond de jardins où des camélias sont taillés en bordures et en charmilles; d'autres, tout à fait abandonnés, l'entrée fermée, le jardin inculte, les charmilles retournant à la broussaille de forêt; tout vermoulus, ces derniers, et renfermant sans doute des légions de dieux qui tombent en poussière. On en aperçoit de perchés sur les collines, et d'enfouis dessous, dans des souterrains dont les entrées béantes sont noires : ceux-ci, voués sans doute à ces *Esprits sépulcraux du pays des racines* dont parle le rituel shintoïste. Il y a même çà et là de grands rochers naturels qui ont aussi des formes de temples; il y a, dans des recoins, des alignements de dieux en granit couverts de mousse; ailleurs, des inscriptions mystérieuses, des pierres tombales. C'est comme un immense lieu d'adoration, sur lequel la forêt a étendu son linceul vert.

Maintenant nous sortons de dessous bois, pour passer à travers des champs de mil fauchés, des champs de pommes de terre et des champs de riz. Je ne sais quel aspect d'abandon et de misère, bien inusité au Japon, attriste ce coin de campagne, ces champs ensemencés où fut une ville. Des paysans pauvres, presque nus, sont penchés sur le sol et labourent; des enfants déguenillés viennent à nous la main tendue en mendiant, avec de petites prières plaintives. La journée s'avance et l'air se refroidit; l'air sent tout à coup l'automne et les feuilles mortes. Des mauvaises herbes, que l'on brûle çà et là par petits tas, font des fumées blanches qui montent dans le ciel déjà moins lumineux, où flotte un brouillard léger annonçant l'hiver. Et nous nous sentons pris par cette impression languissante de novembre, qui est un peu partout la même, dans tous les pays de notre hémisphère boréal...

De nouveau nous entrons sous bois, et nous

sommes à présent dans la petite vallée mystérieuse habitée par ce solitaire de bronze que nous venons voir. Il n'est plus qu'à quelques pas de nous, le Grand-Bouddha; au-dessus des cimes des arbres, nous apercevons tout à coup ses épaules rondes, sa tête énorme et souriante, son regard vague penché vers la terre.

Jadis il demeurait sous une voûte probablement magnifique et toute laquée d'or; il était une grande idole encensée, au fond d'un temple rempli de vases précieux et de fleurs, — et le temple était au milieu d'une immense ville idolâtre où des légions de prêtres entretenaient un bruit continuel de prières et de musiques religieuses.

Mais les siècles, les incendies, les guerres, ont anéanti tout cela. Lui seul, qui était une masse en bronze, c'est-à-dire une chose presque indestructible et éternelle, est resté debout. Et à présent il habite à ciel ouvert, avec les cigales qui lui chantent une plus immuable musique; il fait son sourire à la verdure, aux cèdres qui ont poussé sur l'emplacement de sa belle demeure disparue.

Une des premières portes de son sanctuaire

subsiste encore, avec les deux horribles dieux gardiens, l'un bleu et l'autre rouge, qui sont inévitables au seuil de tous les temples. On trouve, après ce portique, un jardinet bien gentil et bien japonais, avec des arbustes nains taillés en imitation de divers objets bizarres, — et, par une allée de sable que longe une correcte bordure verte, on arrive au pied même de l'immense personnage.

Il est assis, les jambes croisées, les mains réunies. Une vague épouvante religieuse, que nous n'attendions pas, nous vient de son énormité écrasante et de son calme souriant.

Le soleil fait doucement luire un côté de sa tête et le haut de ses monstrueuses épaules. S'il se levait, il serait grand comme une montagne. Le dessin de sa figure est très archaïque, ses yeux mi-clos s'allongent démesurément, ses oreilles sont exagérées et retombantes ; mais son expression a une tranquillité et un mystère qui imposent ; ce grand sourire de bronze qui, de vingt ou vingt-cinq mètres de haut, tombe sur la terre est bien le sourire d'un dieu.

Une petite porte sournoise, ouverte à son flanc, nous donne accès dans son corps, — qui est une salle bizarre aux parois de métal, très sombre, ayant forme d'intérieur humain. Quelques idoles sont là, remisées au hasard, comme des débris en un grenier. Dans le menton, se tient un vieil Amiddah tout doré, debout devant un nimbe d'or; dans une oreille, est un Kwanon-aux-quarante-bras, qui gesticule férocement; ils sont trois ou quatre autres dans une épaule, abandonnés à la poussière et aux vers. Par une échelle, nous montons jusqu'à deux petites fenêtres qu'on a percées dans les omoplates et qui regardent le fond ombreux, le fond désert de la vallée. — De là, il me paraît que le soleil est déjà bien bas, ne dorant plus que la cime des arbres. Nous aurons perdu tout notre temps à ce Grand-Bouddha; les bonzes du temple des « Huit-Drapeaux » doivent êtres rentrés. Pourvu que nous n'arrivions pas trop tard pour voir cette robe d'impératrice qui était pour moi le seul attrait du voyage. Allons-nous-en bien vite.

Nous partons, par un raccourci que les coureurs nous indiquent, à travers bois, derrière l'immense idole, — et de temps en temps nous nous retournons pour la regarder s'éloigner : ainsi vue de dos, avec ses épaules voûtées, son cou qui se penche en avant, ses oreilles qui s'écartent, elle nous fait l'effet maintenant de quelque colossal singe primitif, somnolent et mélancolique.

Par des sentiers nouveaux, nous nous retrouvons assez lestement dans la grande avenue vide, au pied du temple des « Huit-Drapeaux » où les bonzes gardiens viennent de rentrer.

Franchissons les premiers portiques de granit, dont les architraves doubles se retroussent par les pointes en croissant de la lune.

Entrons dans les jardins tristes, où l'herbe a effacé les allées. Le temple est là, noir et rouge, au-dessus de nos têtes, assis sur la colline qui surplombe. Il jette son ombre sur ces jardins bas qu'on n'entretient plus, où les immenses bassins à lotus ont pris des airs de marécages, où les arbres qui, jadis, avaient été tailladés, contournés, rendus nains par des procédés spéciaux, ont gardé dans leur dernière vieillesse des tournures rabougries et étranges.

Un escalier de granit, gigantesque, d'une soixantaine de marches, nous élève à mi-côte, jusqu'à la première cour où se faisaient les danses sacrées. Elle est ornée de petits temples secondaires à toitures courbes et de bouquets de cycas à troncs multiples qui ressemblent à ces premières plantes rigides des mondes antédiluviens.

Encore des marches de granit, nous menant au-dessus de tout cela, et nous arrivons sous le grand portique de la dernière enceinte.

Ici, nous nous retournons pour regarder en bas, à nos pieds, l'interminable avenue de cèdres, silencieuse, déserte, et les deux alignements de collines qui la bordent à droite et à gauche comme de régulières murailles vertes; sorte de trouée profonde dans les bois, qui, assurément, a été choisie — sinon faite exprès — pour donner à ce temple un plus imposant mystère.

Des bonzes souriants viennent à notre rencontre, et nous entrons avec eux dans la dernière cour, qui est toute bordée de bâtiments antiques en bois de cèdre et au milieu de laquelle le temple dresse sa masse d'un rouge sombre.

Je présente un papier à grimoires qui me donne le droit de regarder tout et en particulier la robe de la guerrière. Mais on me le rend sans y jeter les yeux : inutile, à ce qu'il paraît; maintenant, à l'époque de progrès où nous vivons, quelques pièces blanches distribuées suffisent ; on va nous ouvrir toutes les portes, tous les rideaux et toutes les boîtes.

Ces bâtiments, qui entourent sur trois faces l'esplanade du temple, sont une série de petites loges séparées où l'on garde des choses inestimables, des reliques sans prix.

Dans une première salle, ce sont des chaises à porteurs pour les dieux, laquées et dorées avec un art exquis. Dans une autre, c'est une grande déesse de la mer, coiffée d'un portique sacré comme d'une couronne murale; ses doigts délicats sont posés sur les cordes d'une longue guitare, — et cette musique qu'elle semble faire symbolise le bruit des vagues sur les plages.

Puis toutes sortes de souvenirs des guerriers ou des saints bonzes : l'encrier et des spécimens de l'écriture du grand prêtre Nitchiren, qui fut célèbre vers le xiiie siècle; des épées, des sabres précieux ayant appartenu à des empereurs. — Les poignées en sont fleuries de chrysanthèmes d'or; les lames, d'une trempe merveilleuse qu'on n'a plus retrouvée, ont été enduites d'une couche de laque qui les préserve contre la rouille des siècles.

Notre temps passe à regarder ces étonnantes choses, et le soleil baisse. Cette robe d'impératrice, où est-elle donc? Sans doute on nous la garde pour la fin, comme la pièce la plus rare et la plus antique. Je la demande avec instance et je commence presque à ne plus y croire. — On est à la recherche, nous dit-on, d'une espèce de clef, ou de levier, qui est nécessaire pour ouvrir la loge où elle se tient, — et ces bonzes sont d'une tranquillité, d'une lenteur... Le soleil est près de se coucher, nous devrions déjà être repartis pour Yokohama; la nuit va nous prendre, une nuit sans lune, et comment nous tirerons-nous d'un aussi long retour, dans l'obscurité, par des sentiers si mauvais pour nos petits chars, et avec des coureurs fatigués n'y voyant plus...

En attendant qu'on nous montre cette relique des reliques, continuons tout de même de regarder.

Les objets sont clairsemés sur des étagères, bien loin les uns des autres comme par un excès de déférence, et cachés derrière des petits rideaux en soie lamée d'or qui tombent en poussière.

Voici encore des armes, des arcs, des flèches, ornés de chrysanthèmes d'or, de cigognes d'or; puis des casques de guerre et des collections de masques.

Des masques qui sont des chefs-d'œuvre de

hideur et d'épouvante : figures terreuses, convulsionnées par des rires horribles, ayant une vie intense dans leurs yeux de verre; figures de vieux cadavres affamés de chair vivante... Un surtout, un des plus anciens, qui appartenait au souverain prêtre Yoritomo (XIIe siècle) nous glace de son regard effroyable et de son rire. Ses traits ne sont pas japonais; il ressemble à Voltaire, à un Voltaire déterré et macabre; son expression est d'une ironie triomphante, comme après quelque chose d'atroce qu'il vous aurait déjà fait ou qu'il méditerait de vous faire avec la certitude de réussir...

Tout est tellement disséminé, dans cette sorte de musée poussiéreux, qu'il semble d'abord y avoir très peu d'objets. — Dans un dernier recoin, des vases grossiers, de forme inconnue, des choses primitives dont on ne sait pas l'usage... A quelle époque doivent-ils remonter ces débris, pour avoir des aspects si rudes dans un pays où le raffinement des formes et de la matière date déjà de quelques milliers d'années!

Enfin, elle est ouverte, la loge qui renferme les reliques de l'impératrice guerrière, — et nous y entrons, précédés de deux bonzes. — Presque rien, dans ce compartiment; tout seuls sur une planchette, ses grands étriers, ses étriers de combat rappelant ceux de quelque chef arabe de nos jours; — et puis, derrière un rideau, la boîte, — la boîte qui renferme sa robe !

Mais il ne fait déjà plus bien jour dans cette loge; pour une pièce blanche de plus, on va nous faire voir cela dehors, les bonzes vont emporter ce coffre, à deux, comme un cercueil.

Sur l'esplanade, où donne encore le soleil couchant et où passent des rafales d'un vent froid, la boîte est déposée, ouverte, — et on en retire un paquet long, enveloppé d'un linceul de soie blanche...

... J'attendais quelque étoffe lourde et magnifique, chamarrée d'or et de pierreries, qu'on me montrerait lentement avec des précautions extrêmes, — et je reste saisi devant une masse diaphane, de nuance pâle et neutre, que le vent déploie d'un seul coup, me lance presque au visage, — et d'où se détachent, s'échappent des flocons soyeux qui s'éparpillent sur l'esplanade triste, — comme si la chose avait l'inconsistance d'un nuage.

Trop de vent ici, en vérité, pour une si précieuse relique qui, au moindre contact, se déchire et s'émiette. Les bonzes l'emportent encore, toute flottante et légère, sous la véranda du temple, à l'abri de la muraille en bois de cèdre.

C'était presque une déception à première vue; mais, en regardant mieux, on reconnaît là une bien extraordinaire toilette, d'un raffinement souverain. La robe est à grande queue, à grandes manches pagodes, à haut col droit, — un peu évasé pour encadrer la tête, à la manière des fraises Médicis. Elle est faite de sept doubles d'une fine mousseline de soie, superposés, tous de nuances différentes, et laissés libres d'ondoyer séparément dans la longueur de la traîne. L'étoffe de dessus, qui jadis était blanche et que le temps a rendue d'une couleur de vieil ivoire jauni, est semée d'oiseaux envolés (grandeur de moineau) à tête de dragon ; très espacés dans leur vol fantasque, les uns verts, les autres bleus, les autres jaunes ou violets. La deuxième étoffe est jaune, la troisième bleue, la quatrième violette, la cinquième vieil or, la sixième verte, — toutes parsemées d'animaux étranges et différents qui volent à tire d'aile. La dernière, enfin, celle de dessous, celle qui touchait et enveloppait le corps d'ambre de l'impératrice, est violette, semée de blasons impériaux — qui sont des enroulements de chimères. Ces broderies ont été faites avec un art si léger, qu'elles restent transparentes comme la gaze qui les porte; le temps en a effacé les teintes premières, qui devaient être déjà atténuées, très discrètes ; aussi l'ensemble est-il vaporeux, changeant, incolore, grisâtre comme une fumée.

Pauvres belles robes ! Par le bas, elles sont tout effrangées, tout en lambeaux ; l'étoffe cède sous les doigts, se pulvérise, — et le vent l'emporte. Mais il s'en dégage encore un parfum de musc et de vétiver, presque une senteur de toilette féminine, et, en respirant cela, je perds un instant la notion effroyable des dix-sept siècles qui me séparent de cette impératrice. C'est d'ailleurs, en soi, une impression saisissante, que de regarder de si près au grand jour, de toucher et de sentir une vraie toilette de cette créature légendaire, qui vivait comme une déesse, inaccessible et invisible, voilée même au milieu des batailles, — et à une époque si lointaine, si inconnue, alors que nos ancêtres gaulois secouaient à peine leur sauvagerie des forêts.

Pauvres belles robes! A présent qu'on les montre à tout venant pour quelques pièces blanches, il est probable qu'après avoir traversé tant de siècles, elles ne verront pas la fin de celui-ci.

Peut-être, depuis un nombre incalculable d'années, n'étaient-elles pas venues, comme ce soir, au grand air et au vent du dehors; n'avaient-elles pas revu, du haut de l'esplanade de ce temple, le soleil couchant et les perspectives fuyantes de l'avenue de cèdres?

On les replie avec assez de soin, on les renveloppe dans leur blanc linceul de soie... Vraiment, il manque des mots dans nos langues humaines pour exprimer la mélancolie et le mystère de ce site où se passe cet ensevelissement de robes ; des mots pour rendre ce silence d'abandon, ce vent froid d'un soir d'automne passant sur cette haute terrasse, — et, à nos pieds, cette longue vallée verte où fut une ville, et ces jardins déserts d'en bas, et ces étangs de lotus...

Il ne reste plus au-dessus de l'horizon qu'un dernier bord de soleil jaunâtre, quand nous nous asseyons dans nos chars-à-bras pour repartir.

Au crépuscule, nous refaisons en sens inverse la même route que ce matin, à travers les mêmes rizières, entre les mêmes chaînes de petites collines nous bornant la vue, dans le même dédale de petites vallées.

Le ciel achève de se couvrir d'un grand nuage tout d'une pièce qui tombe comme un voile, et une ondée passe sur nous, mouillant les feuillages jaunis, accentuant cette senteur de novembre qu'exhalent le sol et les plantes.

C'est la saison du seul fruit qui, au Japon, mûrisse en abondance : le *kaki*, semblable à une orange un peu allongée, mais d'une couleur plus belle encore, lisse et brillant comme une boule en or bruni. Tout le long du chemin, nous rencontrons des arbres qui en sont chargés à profusion.

Beaucoup de choses, dans ces campagnes japonaises, rappellent notre automne de France ; çà et là, des pampres rougis qui retombent, des branches qui se dépouillent, et, dans l'herbe trop haute qui va mourir, des fleurs violettes. — Ici comme chez nous, elles sont presque toutes violettes, les fleurs d'arrière-saison : des bleuets violets, des scabieuses, des campanules refleurissant au bout des tiges, — et d'autres de même nuance, mais d'espèce inconnue.

Tandis que nous regardons en bas les plantes

et les mousses, une déchirure se fait au voile crépusculaire gris qui couvre le ciel, et, dans cette trouée, tout à coup, très haut au-dessus de ces petites montagnes, de cette petite nature mignardement triste qui nous entoure, nous avons l'apparition quasi fantastique du *Fusiyama*, le géant des monts japonais, le grand cône régulier, solitaire, unique, dont on a vu l'image invraisemblable reproduite sur tous les écrans et sur tous les plateaux de laque; il est là, dessiné en traits d'une netteté profonde, surprenante, — avec sa pointe blanche trempée dans la neige, dans le froid des espaces vides. Nous ne pensions plus à lui, et, au premier moment, nous avons presque peur de voir une chose extra-terrestre, une chose appartenant à quelque autre planète qui se serait brusquement rapprochée...

Comme, avec la nuit de novembre, tout prend des airs désolés; comme nous nous sentons plus dépaysés et perdus que ce matin, entre ces collines qui se resserrent, dans ces espèces de vallons étroits où nous passons toujours enfermés et sans vue, incapables de reconnaître la direction de notre course. Du noir se répand partout, envahit les bois, et un froid humide semble monter de la terre avec la senteur des feuilles tombées. — Il gagne toujours, ce noir, et maintenant les petites boules d'or des *kakis* paraissent attirer et concentrer en elles tout ce qui reste de lumière mourante. Dans les bouquets d'arbres, dans les vergers, seules ces boules d'or continuent de se détacher, encore éclatantes sur le fond assombri et confus des verdures.

A tous les carrefours des chemins, les bouddhas de granit, alignés toujours par cinq ou six, avec leurs colliers de perles et leurs bavettes d'enfant en drap rouge, prennent de plus en plus des mines malfaisantes de gnomes. Il y a des fonds de vallée, des recoins fermés, qui étaient riants ce matin et qui sont sinistres ce soir, tout noyés d'ombre, qui semblent des repaires pour les mauvais Esprits de ce pays si étrange où nous ne savons rien comprendre.

Aux dernières lueurs de ce crépuscule, nous

faisons halte devant une pauvre maison-de-thé, isolée au bord d'un chemin creux. Une jeune fille, rieuse et mignonne, qui est là toute seule, allume les bougies de nos lanternes rondes et nous vend, en éclatant de rire, des bonbons poivrés blancs et roses, pas frais, entamés par les mouches.

Puis, la nuit nous prend tout à fait, la nuit épaisse, sans étoiles. Nos coureurs nous roulent vite tout de même, les uns tirant, les autres poussant, avec des cris parfois pour s'exciter, et nous nous engourdissons dans une espèce de sommeil, ayant très froid.

Seconde halte, bien longtemps après, vers dix heures, dans une autre auberge où nous descendons pour nous chauffer une minute à un brasier, en compagnie de pauvres hères de mauvaise mine, et où nos coureurs se font servir des bols de riz.

Encore une heure de route, cahotés dans la nuit noire.

Puis enfin, devant nous, de longues files de gaz commencent à briller, et des bruits lointains de civilisation, de machines, des sifflets de chemin de fer, éclatent comme une ironie dissonante au milieu de ce rêve de vieux Japon qui nous hantait depuis la ville morte.

Nous arrivons. C'est Yokohama, le grand capharnaüm moderne, le Japon nouveau, improvisé sur les débris de l'ancien.

Alors nous sentons combien, tout à l'heure, au milieu des reliques et des masques de ce temple, nous étions loin dans le passé, — dans un passé plein d'énigmes dont le sens est à jamais perdu.

TROIS LÉGENDES RUSTIQUES

I

Ceci m'a été conté, je crois, par madame Prune :

« Les blaireaux, esprits malfaisants, aiment à s'introduire dans les maisons isolées, à la campagne surtout, sous forme d'ustensiles de ménage, — de marmite principalement.

» En général, on s'y prend à ces marmites-là. Mais, quand on veut y faire cuire quelque chose, ça redevient blaireau et ça se sauve en faisant la grimace, — tandis que l'eau qui était dedans se répand sur le feu et l'éteint. »

II

Ceci, je l'ai lu d'abord dans un livre très remarquable et très peu connu sur le Japon; j'ai pu vérifier ensuite que c'était en effet une croyance de paysans :

« La nuit du nouvel an, il suffit de crier dans un endroit isolé : *Gambari-nindo oto-to-ghiçou!* pour voir aussitôt apparaître une main velue dans les ténèbres. »

III

Pris dans le même livre :

« Une certaine nuit de chaque hiver, les chats tiennent, dans quelque jardin isolé, une grande assemblée qui se termine par une ronde générale au clair de lune. »

Vient ensuite cette clause adorable, que je recommande à l'attention de Jules Lemaître et de tous ceux qui sont assez affinés pour comprendre le charme des chats :

— *Pour être admis à cette réunion, tout chat est tenu de se procurer un fichu ou un mouchoir de soie dont il se coiffe pour danser.*

LA SAINTE MONTAGNE DE NIKKO

A Jean Aicard.

« Qui n'a pas vu Nikko, n'a pas le
droit d'employer le mot : *splendide.* »
(Proverbe japonais.)

I

Au centre de la grande île Niphon, dans une région boisée et montagneuse, à cinquante lieues de Yokohama, se cache cette merveille des merveilles : la nécropole des vieux empereurs japonais.

C'est, sous le couvert d'une épaisse forêt, au penchant de la Sainte Montagne de Nikko, au milieu de cascades qui font à l'ombre des cèdres un bruit éternel, — une série de temples enchantés, en bronze, en laque aux toits d'or, ayant l'air d'être venus là à l'appel d'une baguette magique, parmi les fougères et les mousses, dans l'humidité verte, sous la voûte des ramures sombres, au milieu de la grande nature sauvage.

Au dedans de ces temples, une magnificence inimaginable, une splendeur de féerie. Et personne alentour, que quelques bonzes gardiens qui psalmodient, quelques prêtresses vêtues de blanc qui font des danses sacrées en agitant des éventails. De temps en temps, sous la haute futaie sonore, les vibrations lentes d'une énorme cloche de bronze, ou les coups sourds d'un monstrueux tambour-à-prière. Autrement, toujours ces mêmes bruits qui semblent faire partie du silence et de la solitude : le chant des cigales, le cri des gerfauts en l'air, le cri des singes dans les branches, la chute monotone des cascades.

Tout cet éblouissement d'or, au milieu de ce mystère de forêt, fait de ces sépultures quelque chose d'unique sur la terre. C'est la Mecque du Japon ; c'est le cœur encore inviolé de ce pays qui s'effondre à présent dans le grand courant occidental, mais qui a eu son passé merveilleux. Ils étaient des mystiques étranges et des artistes bien rares, ceux qui, il y a trois ou quatre cents ans, ont construit ces magnificences, au fond des bois et pour des morts...

Pendant que tout est frais encore dans ma mémoire, je vais conter ici par le menu le pèlerinage que je fis à cette Sainte Montagne, par de belles journées de novembre, par un temps d'été de la Saint-Martin déjà froid, mais tranquille et pur.

D'abord le départ de Yokohama, la ville de tous les pays et de tout le monde; départ très banal, en chemin de fer, par le train de six heures trente du matin.

Un peu drôle tout de même, ce chemin de fer japonais, avec ses longs wagons étroits, où, dans le plancher, sont percés de distance en distance des crachoirs pour les petites pipes des dames.

Le train file vite, au milieu de campagnes fertiles. Mes quarante premières lieues se feront ainsi, il y en aura pour sept heures environ. Puis, vers deux heures de l'après-midi, à Utsunomya, une grande ville du Nord, je descendrai forcément parce que la voie ferrée finit là. Et je continuerai mon voyage en petit char roulé par deux hommes-coureurs, comme cela se pratique au Japon où les voitures sont encore inconnues.

Dans mon compartiment, deux autres voyageurs : un colonel japonais et la noble dame son épouse.

Lui, qui dans sa première jeunesse a dû porter armure effrayante, casque à longues antennes et masque de monstre, est correctement sanglé aujourd'hui dans un uniforme européen : culottes ajustées, dolman de cavalerie à brandebourgs, large casquette plate à la russe, gants de peau de daim, cigarette turque; air très militaire, vraiment pas ridicule.

Elle, restée absolument Japonaise d'attitude et de costume. Élégance simple et distinguée de femme comme il faut. Figure pâle et fine poudrée à blanc, long cou d'albâtre. Mains toutes petites, sourcils rasés, dents laquées de noir. Plus jeune, mais des cheveux de jais, où ne se mêle encore aucun fil d'argent; chignon compliqué, lissé avec tant de soin et tant d'huile de camélia, qu'on dirait une sculpture en laque; grandes épingles d'écaille blonde, piquées là dedans avec un goût très sûr. Trois ou quatre tuniques superposées, de coupe japonaise ancienne, en soie mince de diverses couleurs sombres : violet, bleu marine, gris de fer, marron; la tunique de dessus, brodée, au milieu du dos, d'un petit rond blanc dans lequel se dessinent trois feuilles d'arbre — et qui est le blason de famille de la dame. De temps en temps, elle fume sa pipe de poupée et se baisse pour la tapoter par terre contre le rebord d'un crachoir : Pan! pan! pan! pan! très vite.

Couple irréprochable, assez froid, causant peu.

A mi-route, on prie tous les voyageurs de descendre : une large rivière est là, sur laquelle on n'a pas encore eu le temps de faire un pont; alors on va nous passer en bateau.

Plusieurs grands bacs sont tenus prêts pour la traversée, et nous nous y entassons avec nos bagages. Tous Japonais, mes compagnons de route, bien que quelques-uns, lancés dans le progrès occidental, portent jaquette et chapeau melon. Il est environ dix heures; un petit vent froid nous saisit sur cette rivière. Derrière nous, dans le lointain, on aperçoit encore le grand cône étrange du mont Fusiyama avec sa cime blanche de neige; et on l'a tellement vu et revu, au fond de tous les paysages peints sur papier de riz, qu'il suffirait à lui seul pour donner l'indication du Japon si on l'avait perdue.

Des bateliers, en longues robes bleues bariolées de grecques blanches, nous passent assez lestement, en poussant du fond avec des perches. Et, sur la rive opposée, nous attend un autre train où nous reprenons machinalement nos mêmes places. — Encore mes voisins de tout à l'heure; nous échangeons, en nous retrouvant, des saluts discrets ; — le colonel m'offre une cigarette.

Et le train file, toujours en plaine avec des montagnes bleuâtres à l'horizon.

Vraiment ce pays ressemble à notre France d'automne : des bois au feuillage jauni, et des vignes vierges courant çà et là en guirlandes rouges; par terre, des graminées sèches et des scabieuses. Seuls, les laboureurs qui travaillent aux champs diffèrent, avec leurs figures jaunes d'Asie et leurs manches pagodes en coton bleu.

Bientôt deux heures. Une grande ville paraît, le train s'arrête :

— Utsunomya ! Tout le monde descend de voiture ! (Cela se crie en japonais naturellement.)

Il fait déjà plus frais qu'à Yokohama : on sent le changement de latitude, et de plus nous nous sommes éloignés de la mer, — qui toujours réchauffe.

Au sortir de la gare, s'ouvre une rue large et droite, toute neuve, improvisée sans doute depuis l'installation du chemin de fer, mais très japonaise tout de même : boutiques de bonbons, de lanternes, de tabac et d'épices, avec beaucoup d'enseignes à bariolages étranges, beaucoup de banderoles flottant au bout de longues hampes; maisons-de-thé en bois blanc bien neuf; petites servantes drôles, aux aguets devant les portes, roulant des yeux en amande. Sur la voie, encombrement de chars-à-bras et d'hommes-coureurs.

Au milieu de cette foule nipponne, notre train venu de la capitale jette un instant son déballage de jaquettes et de chapeaux melon, qui bientôt se disperse, se mêle, disparaît dans les magasins et les auberges.

Pas une minute à perdre, si je veux cette nuit même arriver à la Sainte Montagne, et coucher à Nikko, la ville des grands temples.

Du reste, les coureurs m'entourent : je suis seul Européen dans cette rue, et ils se disputent l'honneur :

— Nikko ! répètent-ils, très intéressés, Nikko ! au moins dix lieues ! — Je veux aller jusqu'à Nikko, et y coucher cette nuit? — Oh ! alors il va falloir des jambes choisies, et des hommes de relève, — et partir tout de suite, et payer cher. — Les plus vaillants me montrent leurs cuisses nues, très jaunes, en se donnant des claques pour me montrer que c'est dur. Enfin, après les contestations d'usage, le choix est fait et le marché conclu.

Déjeuner rapide et quelconque, dans la première maison-de-thé venue, mes hommes m'attendant à la porte.

Éternellement la même chose, ces maisons-de-thé japonaises : les petites baguettes, le riz, la sauce au poisson ; les innombrables tasses et soucoupes en fine porcelaine où sont peintes des cigognes bleues ; les servantes, toutes jeunes et bien peignées, s'inclinant en perpétuelle révérence, leurs robes entre-bâillées sur ces gentilles poitrines où, d'un bout de l'année à l'autre, fourragent les voyageurs, l'été pour toucher des choses fraîches, l'hiver pour se chauffer les doigts.

Il n'est guère que deux heures et demie quand je m'installe sur mon char, d'une petitesse et d'une légèreté extrêmes. Dans un premier élan, mes coureurs, en poussant des cris, m'enlèvent avec une vitesse furieuse. Disparaissent alors sous un nuage de poussière, les auberges, les bariolages, la foule ; tout ce qui est l'avenue de la gare, et le quartier neuf. Puis nous franchissons un pont courbe, sur une rivière pleine de lotus, et le vieux Utsunomya défile à son tour : ici, des rues tortueuses, des maisonnettes en bois noirâtre où se fabriquent activement d'innombrables petites choses drôles : socques à patins pour les dames, cerfs-volants pour les demoiselles, bonbons, lanternes, parasols et guitares.

C'est très grand, très étendu et, malgré tout, cela passe vite et nous voici dehors dans la campagne.

Beau soleil sans chaleur ; temps de novembre, lumineux et cependant mélancolique.

Après deux ou trois kilomètres de chemins ordinaires, à travers une plaine cultivée, nous nous engageons enfin dans cette route unique au monde, qui fut tracée et plantée il y a cinq ou six cents ans pour mener à la Montagne Sainte les longs cortèges funéraires des empereurs. Elle est étroite, encaissée entre des talus qui font muraille ; son luxe incomparable est dans ces arbres gigantesques, sombres, solennels, qui la bordent de droite et de gauche en doubles rangées compactes. Ce sont des *Cryptomérias* (les cèdres japonais) assez semblables, pour les dimensions excessives et la rigidité de l'aspect, aux *Wellingtonias géants* de la Californie.

Il faut lever la tête pour apercevoir leur feuillage triste, qui forme une voûte close, à peine ajourée. A hauteur de regard humain, on ne voit que des racines comme des serpents, que des troncs comme des colonnes monstrueuses, si serrés qu'ils se soudent quelquefois les uns aux autres par la base, à la manière de ces piliers doubles ou triples soutenant des églises. En pénétrant là-dessous, on est saisi par une sensation d'humidité froide, et la lumière baisse, devient comme un crépuscule vert. On éprouve aussi une impression d'imposante grandeur, qui, au Japon, est une impression rare, et l'imagination s'inquiète vaguement de savoir si longue cette sorte de nef sans fin, qui fuit toujours à perte de vue dans une demi-obscurité et qui, paraît-il, va continuer de se dérouler ainsi toute pareille pendant six ou sept heures, pendant dix lieues.

— Nous ne rencontrerons presque personne, disent mes coureurs, parce que la saison est trop avancée pour les pèlerinages, et que là-bas, en approchant de Nikko, le chemin défoncé par les pluies est déjà bien mauvais.

Jusqu'ici, pourtant, nous roulons à merveille et très vite, sur un sol de galets gris. Peu de voyageurs, en effet ; de loin en loin, nous croisons deux ou trois petits chars comme le mien, qui se suivent en caravane, ou bien un groupe de piétons, gens du centre, circulant pour leurs affaires ; puis, pendant des kilomètres, plus personne dans l'interminable avenue sombre.

Quelquefois, très rarement, nous traversons un hameau, qui est bâti tout au bord de la route et forme un petit bout de rue, écrasé sous ces cèdres toujours droits et immenses. Ce sont des auberges, pauvres, d'étrange aspect, des relais échelonnés pour les coureurs sur ce long parcours. Les maisonnettes ont des jardins où poussent de ces surprenants chrysanthèmes japonais plus larges et plus hauts que nos tournesols.

Les gens me regardent beaucoup. Des enfants viennent à ma rencontre, disant, avec de gentils sourires, ce : — *Oh! ayo!* qui est leur salutation de bienvenue ; d'autres, qui n'ont jamais vu d'Européen, se sauvent.

Aux environs de chaque hameau, un peu à

l'écart des habitations humaines, on est sûr de rencontrer un lieu consacré aux Esprits, aux mânes des morts, à l'incompréhensible au-delà qui épouvante. C'est sous quelque bouquet d'arbres antiques, dans quelque bas-fond bien ombreux ; il y a là deux ou trois gnomes en granit assis sur des sièges en forme de lotus ; ou bien des petites niches en bois, d'un aspect funéraire extrêmement singulier et inquiétant. Tout est étrange, dans ces recoins à prières.

De village en village, il semble que le caractère du vieux Japon s'accentue plus fortement.

Et toujours, après ces maisonnettes très vite disparues, la colonnade énorme des cèdres, la haute et étroite nef de branches reprend sa monotonie ; il y fait froid et presque noir.

Au début, la route était bonne ; elle est maintenant très défoncée, inégale, boueuse, et les ruisseaux qui d'abord couraient discrètement de chaque côté prennent des allures de torrents pour envahir la chaussée.

Nous nous élevons vers le plateau central par une pente insensible. Le pays, aperçu par échappées entre les troncs des cèdres, a changé de nature : plus de champs cultivés comme du côté d'Utsunomya ; nous sommes au milieu des bois. Les arbres ressemblent à nos chênes, à nos ormeaux ; l'automne les a déjà pas mal dépouillés et jaunis, et ils font l'effet de broussailles mourantes, à côté de ces alignements de cèdres droits qui les dominent de toute leur verdure éternelle.

Voici que peu à peu l'avenue obscure s'éclaire, d'une façon superbe et inattendue : c'est le soleil qui est à présent très bas, très près de disparaître, et qui pénètre par en dessous, jetant, par tous les intervalles des troncs énormes, ses gerbes d'or rouge.

Bientôt cela devient quelque chose de magique. Du côté du couchant, le bois jauni, aux feuilles rares, est tellement imprégné, tellement transpercé de lumière dorée, que, vu du couloir d'ombre où nous sommes, il a l'air d'être en feu. Et ces grands arbres de la route, ces grands piliers lisses, déjà rougeâtres par eux-mêmes, prennent des reflets de braise ardente. Par terre les ombres allongées alternent avec les lumières, font des séries de raies noires et de raies d'or, qui se prolongent en avant de nous, indéfiniment. Et tous les lointains de la voûte sont traversés de grands rayons comme ceux qui entrent le soir par les vitraux dans l'obscurité des églises. On dirait, dans un temple primitif, un embrasement d'apothéose...

C'était très éphémère, et déjà cela baisse, cela va s'éteindre.

Pendant que cela brille encore, passent en silhouettes noires, en ombres chinoises, à la lisière du bois lumineux, sur le haut des talus qui nous en séparent, cinq ou six chars où sont assises des dames à profil plat, ayant beaucoup d'épingles plantées dans des chignons très hauts. Elles voyagent en sens inverse, les belles, et sont tout de suite perdues dans les lointains d'où nous venons.

Et puis, après cet éclat suprême, cette illumination d'adieu, le jour finit. Brusquement l'ombre revient, plus épaisse, presque sinistre. Tout est éteint, le soleil est couché. Et aussitôt il semble que le froid ait augmenté, le silence aussi, sous cette voûte infiniment longue.

Impossible de continuer d'ailleurs ; mon char cahoté, embourbé, n'avance plus.

Nous allons essayer de faire comme ces dames de tout à l'heure, plus avisées que nous, qui voyageaient à côté de l'avenue, le long du bois.

On est moins mal en effet : une fois sorti de cette route encaissée, le sol est moins détrempé et on y voit plus clair. Tant que dure le long crépuscule de novembre, nous roulons encore vite en côtoyant l'allée majestueuse dans une espèce de sentier latéral où mon char s'emplit de feuilles mortes, et où les arbres du bois de temps en temps me fouettent la figure de leurs branches. Beaucoup d'autres voyageurs ont déjà fait comme moi, du reste, car il y a des ornières profondes tracées par les roues sur la mousse.

Et naturellement cette tombée de nuit d'automne, me prenant si loin, dans la solitude de ces chemins, commence à me serrer un peu le cœur. Par instant, j'ai des impressions de France :

ces senteurs dont l'air froid est imprégné, ces mousses, ces feuilles jaunes, ces scabieuses par terre... j'ai beaucoup connu jadis des choses analogues... C'était dans les bois familiers à mon enfance, dans ces chers coins où, depuis tant d'années, je n'ai plus revu l'automne, — l'automne, les soirs d'automne qui me causaient alors des mélancolies bien plus profondes, ayant des dessous bien plus insondables que mes mélancolies d'aujourd'hui...

Nous devons être maintenant dans le voisinage de quelque hameau, car voici un de ces recoins voués au surnaturel comme nous en avons déjà rencontré en plein jour. Dans ce Japon frivole, il y en a pourtant beaucoup, de ces recoins-là, et toujours si bien choisis, si bien trouvés, dans des creux de terrains, à des carrefours solitaires, sous les arbres les plus hauts et les plus sombres. Dans celui-ci, qui passe près de nous aux dernières lueurs crépusculaires, il y a des tombes, de pauvres tombes sauvages, cherchant la protection, groupées le plus près possible d'un petit portique consacré aux dieux. C'est comme, dans nos cimetières de village, ces tombes qui se pressent autour de l'église; seulement, chez nous, ces morts, dans les préaux religieux, fécondent nos chênes, nos herbes, nos fleurettes de France ; tandis qu'ici, ces corps jaunes, composés d'autres essences, donnent dans la terre japonaise d'autres plantes, des bambous, des cryptomérias, des lotus. Là est toute la différence, mais c'est toujours la même suprême prière, aboutissant au même néant.

La nuit vient tout à fait, et nous trouve dans l'humidité de ces bois, sous les branchages effeuillés, longeant toujours l'allée des cèdres. Le sentier est de plus en plus impraticable ; c'est devenu peu à peu une boue molle, où l'on enfonce, et que traversent en tous sens les racines de ces arbres géants qui bordent l'avenue. Mes coureurs ont ralenti leur allure, mais vont tout de même au pas gymnastique, et, d'une racine à l'autre, mon petit char sautille comme une paume.

On n'y voit plus. Il me semble qu'il y a longtemps, longtemps que nous courons dans ce même bois, respirant cette même senteur d'automne, frôlant toujours ces mêmes plantes, ces mêmes branches. Des trous, des glissades, des fondrières. De tant de cahots, une fatigue me vient peu à peu, un engourdissement, un mal de tête. Essayons de reprendre l'allée, où cependant les ruisseaux débordés font une musique croissante, dans le silence nocturne.

Nuit noire, nuit compacte, sous cette voûte où nous voilà redescendus. Par terre, c'est de l'eau, mais on est moins secoué, et nous continuons de courir en lançant des éclaboussures. Notre lanterne ronde qui danse est comme un pauvre petit feu follet, tremblotant, mouvant, incapable de percer toute cette épaisseur de noir humide, que les cèdres condensent sur nos têtes...

Sept heures seulement! Il n'y a encore que quatre heures et demie que nous sommes en route; il est nuit close depuis longtemps. Tout à coup, mes coureurs s'arrêtent, se concertent à voix basse, et me déclarent qu'ils n'iront pas plus loin. Ils vont m'emmener coucher avec eux dans un village qu'ils connaissent par là, dans une auberge, et demain matin au petit jour, nous repartirons.

— Ah! non, par exemple! Jamais!

D'abord je fais mine d'en rire. Puis, devant leur entêtement, je me révolte, je m'indigne, je menace de ne pas payer, d'aller chercher les magistrats, de faire plusieurs choses terribles. Un moment ennuyeux à passer, pendant lequel je sens parfaitement l'impuissance de mes moyens pour sévir; car, en somme, je suis à leur merci, sans arme, dans un lieu perdu, entouré de choses inconnues et d'obscurité.

Ils obéissent enfin, allument une seconde lanterne éclairant mieux et se remettent à trotter, d'une allure de mauvaise humeur, en rechignant. Encore quatre lieues : nous n'arriverons guère qu'à dix ou onze heures du soir.

Cahin-caha, nous avançons bien péniblement. Nos lanternes nous font vaguement voir, de droite et de gauche, des talus en murailles, des racines qui se tordent et s'enchevêtrent comme un peuple de serpents échelonnés le long de la route; de temps en temps, elles jettent aussi des lueurs un peu plus haut, sur les bases de ces grandes colonnes irrégulières qui se perdent ensuite dans l'obscurité profonde de la voûte.

Autour de nous, les bruissements d'eau augmentent toujours, et quelquefois nous nous arrêtons, complètement pris, complètement embourbés dans le gâchis noir ; alors les coureurs raidissent leurs muscles de jambes, poussent des cris ; je saute à bas pour alléger mon char, les aider, et nous finissons par repartir.

Vers neuf heures, un hameau passe assez vite ; c'est comme une image furtive, sortie de quelque lanterne magique que l'on aurait allumée un instant pour rompre la monotomie d'une trop longue nuit. Les maisonnettes sont closes, mais, sur leurs panneaux de papier, les lampes du dedans projettent des silhouettes humaines très caractéristiques : des figures plates fumant des pipes minces, des chignons japonais. Et puis, au bout de la pauvre petite rue, avant que nous rentrions dans la solitude noire de la route, nos lanternes nous révèlent en courant deux monstrueuses bêtes de granit, deux grimaces horribles

10.

assises devant une entrée sombre ; je reconnais cela : c'est le refuge pour les âmes de ces bonshommes entrevus en ombres chinoises, c'est la pagode où ces gens prient...

Encore la même nuit épaisse et l'oppression de cette même voûte interminable. Et dire que ces choses seraient très riantes peut-être, vues par un beau matin printanier ! Par cette soirée de novembre, il me semble être roulé dans un souterrain sans issue, n'aboutissant nulle part, et j'ai des envies de revenir en arrière, de m'échouer dans n'importe quel village, comme ils le voulaient tout à l'heure, dans n'importe quelle auberge pour me chauffer, m'étendre, voir des *mousmés* rieuses, manger du riz, dormir...

Et puis j'aimerais mieux être à pied, courir moi aussi derrière mon char ; j'aurais moins de cahots et moins froid. Mais cela blesserait mes hommes dans leur amour-propre de coureurs ; dès que je mets pied à terre, ils me prient de me rasseoir.

Dix heures et demie. Comme des chevaux sentant la remise, ils vont plus vite. Et enfin,

enfin, des feux apparaissent là-bas, là-bas, des lanternes de couleur : Nikko ! Nikko, au bout du tunnel des cèdres !

Nikko ! Oh ! jamais petit Poucet perdu dans la forêt n'accueillit avec plus de joie la lueur de la maison de l'ogre, que nous, cette nuit, les feux de cette ville inconnue.

II

Une surprise à l'arrivée : ce Nikko est un village, rien qu'un village comme tous les autres de la route. Moi qui avais lu dans des livres très gros et d'aspect sérieux que c'était une ville de trente mille âmes ! J'ai un moment de défiance : est-ce que mes coureurs m'auraient égaré, par hasard ?

Devant une maison-de-thé encore ouverte, ils arrêtent mon char et nous entrons.

Dès l'abord, on voit bien cependant que cette maison n'est pas l'auberge d'un village quelconque : les gens ont de grandes manières; l'hôte, l'hôtesse, les servantes, tout le monde, dès que je parais, se met à quatre pattes, en faisant *casse-*

cou, le front contre le plancher ; et puis les vases de bronze remplis de braise, devant lesquels je me chauffe les mains bien vite, ont des formes d'une élégance distinguée ; enfin, le plafonds, les boiseries savonnées, les nattes sont partout d'une blancheur extrême.

Trois jeunes servantes, bien peignées mais qui s'endorment, viennent m'enlever mes chaussures salies et je monte avec elles, par un petit escalier ciré luisant comme miroir, jusqu'à la chambre d'honneur du premier étage où tout est blanc comme neige.

C'est parfait. Nous logerons dans cette maison-de-thé, mes coureurs et moi, pendant notre séjour à Nikko. Je fais le prix d'abord, pour éviter l'impudente volerie d'usage, et je commande le souper.

Pendant qu'on me cuisine en bas toutes sortes de petits mets drôles, les jeunes servantes viennent alternativement me tenir compagnie, me conter des mièvreries charmantes mêlées d'éclats de rire. Et j'estime, ce soir, après tant d'heures passées dans le froid sombre de la route, qu'on est voluptueusement bien, à écouter rire des *mousmés* aux yeux de chat, étendu sur des nattes fines, la tête soutenue par un coussin de velours noir, les pieds posés contre un *brasero* de bronze orné de monstres chimériques, dans l'atmosphère tiède et imprégnée de sandal d'un appartement il où n'y a rien — que, sur un trépied, un vase étrange d'où s'élance un svelte bouquet de chrysanthèmes.

L'appartement, cela va s'en dire, n'a que des parois en papier. Sur deux de ses faces, un papier opaque formant de grands panneaux pleins. Sur les deux autres, un papier mince, soutenu par un quadrillage en bois léger qui le divise en une infinité de petits carreaux transparents; c'est par là que, dans le jour, arrive la lumière; ces châssis délicats sont du reste mobiles, peuvent s'ouvrir comme nos fenêtres vitrées et donnent sur des vérandas que l'on ferme la nuit par des panneaux en bois plein, suivant l'usage universel des maisons japonaises. Près de moi, sur le plancher, pose une petite guérite, en papier également, haute comme un théâtre à guignol ; elle renferme la lampe qui brûlera jusqu'au matin, à demi voilée, veillant sur mon sommeil, éloignant de moi les mauvais Esprits qui flottent toujours dans l'obscurité. Avec le vase de fleurs et les nattes blanches, c'est tout ce que contient ma chambre à coucher. Pour orner les murs, quelques longs tableaux étranges, peints sur des bandes de soie et montés sur des baguettes en bambou, descendent du plafond ; ils représentent des guerriers, livrant des batailles terribles auxquelles s'intéressent les monstres du ciel, tous penchés pour regarder à travers les nuages...

Très laides, ces pauvres petites qui me tiennent compagnie ; l'envie de dormir leur diminue encore plus les yeux, et elles sont tout en joues, en grosses joues pâlottes. Mais elles ont tant de grâce précieuse, de si jolies mains d'enfant et de si adorables chignons montés!...

Enfin, voici mon souper qu'elles m'apportent à deux, avec mille façons mignardes. Sur des plateaux à pied, en laque rouge, c'est une série de petites tasses couvertes, de petites assiettes couvertes, et des rechanges de baguettes pour manger les choses contenues dans cette fine vaisselle de porcelaine.

Qu'est-ce qu'il peut bien y avoir dans les mignonnes tasses et les mignonnes assiettes ?... Ah ! voilà : pour me faire une gentille petite farce, on ne me le dira pas, il faudra que je devine, et, avec leurs petits doigts qui se manièrent, elles soulèvent à demi les couvercles, bien vite les referment comme si elles craignaient d'en laisser échapper des oiseaux, et se trémoussent et minaudent : non, non, non, bien sûr, elles ne me diront pas...

Est-ce assez délicieux au moins, ces rires, ces devinettes ! Mais je suis fort en peine, moi, et je donne ma langue aux chats, car il y a certainement, sous les jolis couvercles, d'indéfinissables choses, ayant des goûts impossibles à prévoir.

C'est d'abord un *mimono* (autant dire une espèce de soupe, mais je conserve le mot japonais qui me semble en lui-même d'une préciosité intraduisible). Donc, un *mimono* très liquide, dans lequel flottent deux ou trois petites algues d'un vert de vert-de-gris, deux ou trois champignons gros comme des noisettes et un microscopique poisson, d'un demi-pouce de longueur, vidé et bouilli. Pas de pain ni de vin, naturellement; ce sont choses tout à fait inconnues; j'ai, pour boire, de l'eau tiède mélangée d'un peu d'eau-de-vie de riz.

Au dessert, après l'énorme platée de riz traditionnelle, quand j'en suis aux infiniment nombreuses et petites tasses de thé, la conversation ayant langui, une des jeunes servantes agenouillées près de moi tombe tout à coup le nez en avant, vaincue par le sommeil. Alors, c'est un fou rire général dans la maison ; l'hôte et l'hôtesse, qui n'étaient pas présents, montent pour se faire conter la chose ; on en informe aussi mes coureurs qui soupent en bas, et d'autres voyageurs déjà endormis dans des chambres voisines; bientôt tout le monde en est pâmé...

— Ah! eh bien! à présent je demande à me coucher, par exemple...

A me coucher? Je veux me coucher? De plus en plus drôle, en vérité! Croirait-on que ces jeunes servantes avaient deviné que ça allait bientôt finir par là et qu'elles avaient précisément tout disposé en conséquence, et que tout est derrière la porte et prêt à servir. Comment ne pas rire d'une si heureuse rencontre de nos pensées ?

Voici d'abord les deux ou trois couvertures ouatées qui se superposent par terre pour former matelas ; voici les oreillers en peluche noire, et enfin la couverture supérieure également ouatée, ayant deux trous, garnis de manches pagodes, par lesquelles on passe les mains.

Les *mousmés* assistent à mon petit coucher, s'informent de l'heure à laquelle il faudra m'éveiller demain, baissent la lampe, éloignent les fleurs, s'attardent à mille détails, plus du tout endormies, mais lentes à se retirer, comme nourrissant un secret espoir d'être un peu retenues.

Cependant les voilà parties, un panneau de papier se referme sur elles, et je reste seul.

Elles rôdent longtemps encore à l'extérieur de la véranda, en promenant des lampes. Et, sur les châssis de papier mince, je vois passer et repasser en ombres chinoises leurs belles coques de cheveux piquées d'épingles, et leurs petits bouts de nez camus. Tout cela pour me faire bien comprendre qu'elles sont encore sous les armes, au cas où j'aurais besoin de les rappeler pour quelque service plus spécial. Mais non, j'ai vraiment tout ce qu'il me faut, merci ; et je ne désire plus rien, que dormir.

A la fin, le silence se fait dehors, l'obscurité aussi : les *mousmés* se sont lassées. La maison-de-thé, que mon arrivée avait tenue en éveil à une heure indue, s'est endormie profondément, comme le village et comme les grands bois d'alentour. A présent que c'est fini, tous ces rires, un immense calme solennel, qui enveloppait déjà ce pays perdu, pénètre peu à peu ma chambre, où la lampe discrète, dans sa guérite de papier, éclaire vaguement les images du mur, les guerriers qui se battent, et les chimères qui, du haut des nuages, les regardent.

Un bruit lointain, continu, que j'avais remarqué tout à l'heure, augmente de minute en minute, maintenant que les petites voix humaines se sont tues et que les mouvements ont cessé : on dirait des torrents, des cascades...

L'air un peu lourd, chauffé par les *braseros* de bronze, se refroidit : on sent que la nuit de novembre doit être piquante dehors, avec sans doute de la gelée blanche sur les toits.

Le bruit de cascades s'affirme de plus en plus ; il semble s'être rapproché, il est devenu très net dans ce silence.

Il me berce, et je m'endors, — en songeant à cette Sainte Montagne qui est là tout près, à ces mystérieuses merveilles que je verrai demain.

III

— *Oh! ayo!*
— *Oh! ayo!*
— *Oh! ayo!*

Par l'entre-bâillement d'un panneau de papier qui vient de glisser sur ses rainures, ce même bonjour matinal m'est dit sur trois tons différents, par trois petites figures comiques, inclinées en révérences extrêmes.

Mon Dieu! dans mon rêve interrompu, je ne me rappelais plus du tout que j'étais dans un village du Japon central, et, au réveil, ce pays me fait l'effet d'être le plus amusant du monde.

Elles ajoutent, les petites servantes, de leur voix

rieuse : *Rokoudji-han!* (Il est six heures et demie!) — Oh! il doit être plus que cela même, car il fait déjà bien jour.

Puis les voici qui ouvrent bruyamment tous les panneaux de bois du dehors, et, après, comme si ça ne suffisait pas, tous les panneaux intérieurs en papier mince, me livrant ainsi à l'air glacé du matin, à l'éblouissante lumière du soleil qui se lève. En un tour de main c'est fait, ma chambre est démontée, n'a plus que deux faces sur quatre; je suis en plein vent.

Au Japon, le lever est impitoyable, même en hiver, et c'est en somme une façon comme une autre d'abréger un moment toujours ennuyeux.

Pour moi surtout, qui suis arrivé hier dans l'obscurité épaisse, comme si on m'avait amené les yeux bandés, c'est une surprise presque charmante que de tout voir apparaître ainsi, de cette manière brusque et imprévue. Il semble que le rideau de la nuit se soit levé d'un seul coup, comme un rideau de théâtre, sur un décor préparé derrière et baigné dans la plus fraîche et la plus pure lumière d'or.

Au premier plan, le jardinet de la maison, avec ses rocailles, ses arbustes nains, ses pièces d'eau, ses pagodes en miniature. Derrière, un fond très haut, escaladant le ciel, un fond composé de montagnes aux dentelures bizarres, de forêts nuancées par l'automne. Et les premiers rayons du soleil, se promenant gaiement sur les cimes avec un bel éclat de rose.

Je reste saisi devant cette révélation subite d'une chose invraisemblablement jolie, et j'écoute une musique de cigales, bien inattendue, qui m'arrive de tous ces bois : comme si les bêtes mêmes, au Japon, refusaient de prendre l'hiver au sérieux, elles chantent, malgré le froid, et sont plus bruyantes à présent que les cascades, dont le fracas adouci semble s'être éloigné beaucoup.

Dans les maisons nipponnes, la toilette du matin est toujours très sommaire. Cela se fait dans la cour, tout le monde ensemble, à l'eau chaude dans des cuves de cuivre. (C'est le soir ensuite, avant souper, qu'ont lieu les ablutions complètes, les grandes baignades quotidiennes.)

Le premier déjeuner est rapide aussi : pruneau vert, au vinaigre, saupoudré de sucre ; tasse de thé. Et je suis prêt maintenant, pour commencer mon pèlerinage aux grands temples.

J'ai hâte de sortir. Une des mignonnes servantes m'accompagnera jusqu'au bureau de l'état civil où l'on examinera mes papiers avec soin avant de m'admettre dans la Montagne Sainte.

Nous voici donc tous deux dans la rue, la *mousmé* et moi, au frais matin lumineux, les boutiques ouvrant partout leurs panneaux à glissières.

Un tout petit village ; une rue large mais unique, continuant toujours cette même route que j'ai suivie depuis Utsunomya pendant dix lieues. Mais, plus de ces cèdres écrasants sur nos têtes ; nous sommes à ciel ouvert, respirant un air beaucoup plus vif qu'à Yeddo, plus froid aussi : le bon air épuré des régions élevées. Presque toutes les maisonnettes sont occupées par des marchands de peaux d'ours gris (les montagnes sont pleines de ces bêtes) et de peaux d'une espèce de putois jaune. Il y a aussi des auberges, pour les pèlerins, qui, paraît-il, sont nombreux au printemps, et des boutiques d'objets de piété, de petits dieux taillés dans le bois blanc des arbres de la forêt sainte.

La rue suit une légère pente ascendante et, de chaque côté, par-dessus les maisons toujours basses, apparaissent les vertes montagnes, très rapprochées, montant à de grandes hauteurs dans le ciel clair.

A l'état civil, il faut parlementer longuement avec des vieux bonshommes accroupis devant des tablettes à écrire. Souriants, toujours courbés en saluts profonds, ils examinent mon passeport, le permis spécial du Mikado qui m'a été délivré à l'ambassade pour visiter les temples, et se concertent sur le péage exorbitant qu'ils vont exiger de moi. Puis ils me donnent un guide, que je garderai jusqu'au soir, et me griffonnent, du bout de leurs pinceaux, sur des papiers de riz, différents petits mots de passe pour les bonzes gardiens : ça me coûtera très cher, mais j'aurai le droit de tout voir.

Un remerciement à la jeune servante qui me

quitte avec une révérence exquise, et enfin, je me dirige avec mon guide vers ce lieu de repos et de splendeur qui est le but de mon voyage.

Au bout de cette rue, elle se dresse là tout près, la Sainte Montagne, couverte d'un manteau de verdure sombre; d'où nous sommes, elle semble encore n'être qu'une épaisse forêt de cèdres.

Le village finit juste à ses pieds, mais il en est séparé par un torrent large et profond, qui roule avec un fracas de fureur sur un chaos de roches effondrées.

Deux ponts courbes sont jetés très haut au-dessus de ces eaux bouillonnantes; l'un, en granit, le pont des pèlerins, le pont de tout le monde, celui par lequel nous allons passer; l'autre, là-bas, le merveilleux, interdit aux simples humains, qui fut construit il y a cinq siècles pour les empereurs d'alors et leurs étonnants cortèges; tout en laque rouge, que le temps n'a pu ternir; soigné comme un meuble de salon, celui-ci, et revêtu de garnitures en bronze, finement ciselées et dorées. Il est soutenu en l'air par une sorte d'échafaudage qui prend pied dans les profondeurs du lit de ce torrent ; on dirait des poutres grises, et ce sont de longues pièces de granit passées en clefs les unes dans les autres, assemblées en charpente. Malgré ces solides jambes de force sur lesquelles il s'appuie, il conserve un air de légèreté extrême.

En franchissant le pont de tout le monde, quand j'arrive en son milieu, je m'arrête pour admirer la courbe de ce pont de luxe qui se dessine, surprenante d'élégance, sur les lointains sauvages du pays d'alentour : le torrent gronde en dessous dans un creux sinistre, en répandant une vapeur blanche, et, derrière, c'est un fond bleuâtre de forêts et de montagnes où ne s'aperçoit, aucune trace humaine. Alors, me rappelant certaines vieilles images conservées dans des pagodes, je cherche à reconstituer, au milieu de ce décor immuable, les cortèges d'autrefois défilant sur cet arc de laque rouge ; les masques de guerre, les princes effrayants dans leur bizarrerie magnifique ; les empereurs qu'*il ne fallait pas voir*, autour desquels des « guerriers à deux sabres » faisaient voler les têtes des curieux qui regardaient ; toute cette pompe inouïe du vieux Japon, qui est à jamais disparue et qui excède nos conceptions d'aujourd'hui.

Arrivés à l'autre rive, nous posons enfin le pied sur le versant même de la Sainte Montagne, nous entrons dans la forêt consacrée. Ici les cèdres, pareils à ceux de la route d'hier, ayant ce même aspect de colonnes de temple, ce même élancement gigantesque, sont innombrables et recouvrent tout de leur ombre ; une fraîcheur plus pénétrante, plus humide, nous prend là-dessous, en même temps que le soleil nous quitte et que la lumière décroît, subitement. Partout nous entendons les bruissements d'une eau glacée, qui ruisselle des cimes en mille cascades petites ou grandes, en torrents, ou bien en simples filets cachés sous l'épaisseur des mousses : c'est l'éternelle musique qui berce les empereurs morts ; l'été, paraît-il, elle s'adoucit beaucoup, jusqu'à n'être plus qu'un murmure ralenti ; dans cette saison d'automne, elle reprend comme un grand ensemble d'orchestre, sur un mouvement accéléré, en fugue générale. Dans toute la description que je vais essayer de faire maintenant, je voudrais pouvoir rappeler à chaque ligne le bruit de ces eaux, que l'on devine si froides, et la voûte de ces feuillages d'un vert noirâtre étendue au-dessus des choses, et cette pénombre toujours, et cette sonorité profonde de dessous bois...

Nous montons par une imposante allée, entre deux rangs de cèdres, et déjà commencent à paraître çà et là, dans les intervalles des branches, des fragments de hautes toitures contournées, compliquées, en bronze noir semé de rosaces d'or ; c'est tantôt un angle, tantôt une corne, ou bien un sommet de tourelle, une arête courbe quelconque sur laquelle s'alignent des légions de chimères d'or. Tout cela monte sous l'ombre mystérieuse des arbres avec une apparence de désordre ; on dirait quelque ville, d'une splendeur inouïe et d'une architecture très rare, qui serait ensevelie pêle-mêle sous cette verdure.

Un premier temple, auquel nous nous arrêtons. Il est dans un lieu un peu dégagé, dans une sorte de clairière. On y monte par un jardin en terrasses superposées ; jardin avec rocailles, pièces d'eau et arbres nains aux feuillages violacés, jaunes ou rougeâtres.

Le temple, très vaste, est tout rouge, d'un rouge de sang ; une énorme toiture, noir et or, retroussée aux angles, semble l'écraser de son poids. Il en sort une musique religieuse, douce et lente, interrompue de temps en temps par un effroyable coup sourd.

Il est ouvert en grand, ouvert sur toute sa façade à colonnes ; mais l'intérieur en est masqué par un *velum* blanc, immense. Le *velum* est en soie, orné simplement, dans toute son étendue blanche, de trois ou quatre larges rosaces héraldiques noires dont le dessin très simple a je ne sais quoi de distingué et d'exquis, et, derrière cette première tenture, à demi soulevée, des stores légers en bambou sont abaissés jusqu'à terre.

Nous montons plusieurs marches de granit, et mon guide, pour me faire entrer, écarte un pan du voile ; le sanctuaire apparaît.

Au dedans, tout est laque noire et laque d'or, laque d'or surtout. Au-dessus de l'enchevêtrement compliqué des frises d'or, s'étend une voûte à caissons, en laque ouvragée, noir et or. Derrière la colonnade du fond, la partie reculée où sans doute se tiennent les dieux, est cachée par de longs rideaux en brocart, toujours noir et or, dont les plis rigides tombent du haut jusqu'en bas. A terre, sur les nattes blanches, sont posés de grands vases d'or d'où s'échappent des gerbes de lotus d'or aussi hauts que des arbres. Et enfin, du plafond, pendent comme des serpents morts, comme des cadavres de boas monstrueux, une quantité d'étonnantes « chenilles » de soie, d'une grosseur de bras humain, teintes de blanc, de jaune, d'orangé, de brun rouge et de noir, en nuances bizarrement dégradées comme on en voit sur la gorge de certains oiseaux des îles.

Des bonzes psalmodient dans un coin, assis en rond, autour d'un tambour à prières qui pourrait les contenir tous. Ils chantent des espèces de strophes sans cesse reprises sur le même air mélancolique; chaque couplet, avant de finir, se prolonge en agonie, se traîne comme un souffle, comme un souffle mourant qui tremble, en même temps que les têtes s'abaissent toujours plus vers la terre, — puis s'arrête brusquement sur un coup du gigantesque tambour. Et alors les têtes se relèvent et le couplet suivant commence, tout pareil, pour se terminer bientôt de la même surprenante manière.

Évidemment ce temple, bien que semblable à ceux d'il y a un millier d'années, est complètement neuf : ses ors sont étincelants, sa magnificence est toute fraîche.

Son luxe rayonne tranquillement, éclairé par une lumière atténuée qui lui donne un aspect de rêve. Entre les colonnes de laque, à travers le tamisage des stores de bambou, apparaît, voilé, le très bizarre jardin extérieur, avec ses arbustes rouges ou violets au soleil du matin, et par derrière se dessinent les grands horizons sauvages, les montagnes et les forêts.

La musique des prêtres continue de se traîner, avec la monotonie inquiétante, avec la persistance d'une incantation qui serait assurée d'agir à la longue et d'en venir à ses fins mystérieuses. Et c'est une des scènes les plus idéalement japonaises qui m'aient jamais frappé l'esprit; mon impression diffère de celles que j'avais éprouvées jusqu'à aujourd'hui, dans les vieux temples où il fallait un effort pour retrouver, à travers la poussière, ce passé qui semblait si loin ; ici pour la première fois, j'ai le sentiment d'avoir pénétré au cœur même de ce pays étrange, mais dans son cœur en pleine vie, en pleine activité d'art, de rites et de religion. Mon imagination est consciente de la présence cachée de ces idoles, sans doute monstrueuses, qui, derrière les longs rideaux de brocart, doivent deviner le paysage lumineux d'alentour, et sourire à la fraîcheur matinale, sourire à cette première prière de la journée qui leur arrive si tremblante et légère... Quelque chose de très solennel, de vaguement effrayant, d'incompréhensible surtout, plane dans ce lieu splendide, comme chaque fois qu'il y a rapprochement avec les dieux, quels que soient leurs noms, ou avec le Dieu unique, sous quelque forme qu'on l'adore.

Cependant, l'un des bonzes qui psalmodiaient se détache du groupe, vient à moi, examine mes papiers, puis m'invite à me déchausser et à le suivre. Par un passage latéral, où sont peints sur soie, avec d'horribles détails, tous les supplices de l'enfer, il m'emmène derrière les tentures lourdes et magnifiques, dans la partie intérieure réservée aux dieux.

Ici, il fait presque nuit. La lumière très rare vient d'en bas, se glisse en filets rasant le sol par-dessous les épais voiles de brocart ; aussi la région élevée avoisinant la voûte est-elle perdue dans du noir profond. Le lieu très vaste me paraît, à première vue, encombré par trois lotus d'or, larges comme des bases de tours, dont les feuilles luisent comme de grands boucliers dans la pénombre : je connais depuis longtemps ces trônes des dieux, et levant la tête, je cherche à distinguer dans l'obscurité d'en haut les personnages qui doivent être assis sur ces fleurs. D'abord je vois briller leurs genoux énormes ; puis, mes yeux s'habituant davantage, les trois idoles d'or, gigantesques, se dessinent pour moi, écrasantes de hauteur, dans ces ténèbres voulues : c'est *Kwanon - aux - onze - visages - et - aux - mille - bras*, *Kwanon-à-tête-de-cheval*, et *Amiddah-Nioraï* à la figure ricanante et horrible. Les têtes et les nimbes, en or bruni, sont à peine visibles, on les devine plus qu'on ne les aperçoit ; des reflets indiquent le dessous des arcades sourcilières et des narines, l'émail des yeux, et les dents pointues d'Amiddah, que découvre son mauvais rire ; son nimbe à lui est tourmenté, tandis que les nimbes des deux autres sont calmes, il semble agité par un vent terrible et entouré de flammèches d'enfer.

La musique qu'on leur fait à tous trois derrière les voiles, et qui nous arrive ici assourdie, est maintenant changée : c'est devenu une mélopée rapide, sautillante, accompagnée des claquements d'une de ces grosses mâchoires de bois, en forme de gueule de monstre, qui sont en usage dans les cérémonies pour réveiller l'attention des dieux distraits...

Mon guide me presse de partir. Il trouve que

je m'attarde beaucoup trop dans ce temple de l'entrée, qui n'est rien, paraît-il, auprès des étonnements échelonnés plus haut.

Et nous sortons par une porte du fond, qui nous mène dans le jardin le plus singulier du monde : c'est un carré plein d'ombre, enfermé entre les cèdres de la forêt et la haute paroi rouge du sanctuaire ; en son milieu se dresse un très grand obélisque de bronze, flanqué de quatre autres plus petits, et couronné d'une pyramide de feuillages d'or et de clochettes d'or ; — on dirait, dans ce pays, que le bronze et l'or ne coûtent pas ; à profusion, on les emploie partout, comme chez nous les matériaux vils, le plâtre et la pierre. — Tout le long de cette muraille couleur de sang qui forme le derrière du temple, il y a, à hauteur humaine, pour animer ce jardin mélancolique, une série alignée de petits dieux en bois, de toutes formes et de toutes nuances, qui regardent l'obélisque, les uns bleus, les autres jaunes, les autres verts ; les uns ayant des figures d'homme, les autres des figures d'éléphant : compagnie de nains d'un comique trop extraordinaire, qui n'égaie pas.

Pour nous rendre à d'autres temples, nous cheminons de nouveau sous bois, à l'ombre humide et obscure, dans les avenues de cèdres qui montent, descendent, se croisent en sens divers, et sont les rues de cette ville des morts.

Dans les allées, nous marchons sur un sable fin, semé de ces petits piquants bruns qui tombent des cèdres. Toujours en pente, elles sont bordées maintenant de rampes à balustres, en granit revêtu des plus délicieuses mousses; on dirait qu'on a garni toutes les mains-courantes avec un beau velours vert. Et de chaque côté de la voie sablée, courent invariablement de minces ruisseaux, clairs et frais, qui joignent leur bruit de cristal à celui que font dans le lointain les torrents et les cascades.

A une hauteur de 100 ou 200 mètres, nous arrivons devant l'entrée de quelque chose qui doit être magnifique : au-dessus de nous, sur la montagne, dans le fouillis des branches, s'étagent des murailles, des toitures en laque et en bronze, avec un peuple de monstres, partout perchés et étincelants d'or. Devant cette entrée, il y a une sorte d'esplanade, d'étroite clairière où tombe un peu de soleil. Et voici que dans ce rayon lumineux passent, sur les fonds sombres, deux bonzes en costume de cérémonie : l'un, en longue robe de soie violette avec surplis de soie orange ; l'autre en robe gris perle, avec surplis bleu de ciel ; tous deux portant la haute coiffure rigide en laque noire dont l'usage est presque perdu. (Du reste les deux seuls êtres humains rencontrés par les routes pendant tout notre pèlerinage.) Ils se rendent probablement à quelque office religieux et, en passant devant l'entrée somptueuse, ils s'inclinent en saluts profonds.

Ce temple en face duquel nous sommes est celui de l'âme divinisée de l'empereur Yeyaz (XVIe siècle), qui est peut-être la plus merveilleuse des *demeures* de Nikko.

On y monte par une série de portes et d'enceintes, de plus en plus belles à mesure qu'on arrive plus haut, plus près du sanctuaire où l'âme de ce mort s'est retirée.

Cela commence par un lourd et énorme portique de granit. Puis on entre dans une première cour, dont la muraille relativement simple n'est qu'en laque rouge à rosaces d'or. Les grands cèdres poussent dans cette cour comme en pleine forêt et y entretiennent une ombre triste. Des lampadaires d'une forme très spéciale (qu'on appelle au Japon *toro*) y sont alignés sur deux rangs. Je vais définir une fois pour toutes ces *toro* qui sont la base de l'ornementation pour les jardins sacrés et les avenues funéraires : des espèces de lanternes, montées sur des tourelles de cinq à six pieds de haut et surmontées de petits toits à angles retroussés qui sont une réduction en miniature des toits des pagodes. Les *toro* de cette première cour sont en granit ; la mousse, l'épaisse mousse des siècles les a tous coiffés d'un uniforme bonnet de velours vert. Un demi-jour bleuâtre descend d'en haut, glisse le long des troncs polis des cèdres, tombe ici sur toutes choses, atténue les couleurs, donne une vague impression de souterrain. Le principal ornement du lieu est une tour à cinq étages qui dépasse la cime des plus grands arbres et s'en va baigner dans le soleil sa pointe dorée : elle fut, dit l'histoire, offerte vers

1650 à l'âme de l'empereur mort, par le prince Sakaï-Wakasa-no-Kami. Le nom de tour convient mal à cette extravagante superposition de cinq petites pagodes semblables, ayant chacune son toit courbe qui déborde outre mesure, tout hérissé de gargouilles, de cornes et de griffes ; la teinte générale du monument est le rouge sombre, le rouge sang rehaussé d'or ; mais, de près, on distingue une fine ornementation polychrome qui court du haut en bas ; de près, on s'aperçoit que les murailles de ces cinq étages sont de vrais musées de peinture et de sculpture ; dans l'épaisseur du bois fouillé à jour, se découpe tout un monde de dieux, de bêtes, de chimères, de fleurs ; une dentelle de petits êtres de toutes formes, figés là dans des attitudes vivantes.

Un grand portique vient ensuite : tout de bronze celui-ci, et d'une forme calme, reposante, orné discrètement de quelques rosaces d'or ; puis des marches de granit, et on arrive à la seconde enceinte, remplie de choses encore plus rares. Toujours l'ombre des cèdres ; ici comme dans la première cour, ils poussent en rangs serrés, les arbres géants; leurs troncs lisses et droits, ayant çà et là des plaques de mousse, se dressent comme des obélisques et semblent amener d'en haut cette pâle lumière glissante qui fait briller doucement les choses splendides. En désordre, comme amoncelés, apparaissent des kiosques précieux en laque et en bronze, aux toitures luisantes, étoilées d'or et surmontées de lotus d'or. Ils ont les formes les plus étranges, les plus inusitées, les plus inconnues : les uns légers, d'une élégance raffinée et excessive; les autres lourds, trapus, ayant pour angles des têtes d'éléphant et se ramassant sur eux-mêmes comme pour mieux enfermer de mystères. Cependant toutes les portes sont ouvertes, et on peut aller où l'on veut, il n'y a personne pour garder ces richesses. Par une ouverture basse, entre deux battants de cuivre ciselé, je me glisse au hasard dans l'un de ces kiosque qui est en bronze, en laque rouge et en laque d'or, et dont toutes les lignes architecturales sont des courbes tourmentées. Ce que je vois là dedans est pour moi inexplicable : une sorte d'armoire circulaire ornée avec un goût funèbre, ayant forme de gigantesque lanterne et ne reposant sur le sol que par un pivot central, comme si elle était destinée à tourner; et deux dieux de grandeur humaine, à visage de vieillard couleur de chair cadavérique, assis sur des trônes, veillant sur cette encombrante chose ronde qui remplit presque entièrement le lieu où ils se tiennent. Tout dans cette magnificence est bizarre, compliqué de symboles millénaires et d'énigmes...

Parmi ces kiosques, deux sont entièrement en bronze; l'un contient la cloche sans prix, surmontée de dragons impériaux, qui fut offerte jadis à l'âme du mort par je ne sais quel roi de Corée; l'autre, à colonnade, abrite un monstrueux candélabre, également en bronze, de huit à dix pieds de haut, dont le style rappelle tout à coup notre Renaissance occidentale et surprend au milieu de ces étrangetés fantastiques : vers 1650, il arriva d'Europe, envoyé en hommage par les Hollandais qui, comme on sait, avaient trouvé moyen à cette époque de nouer des relations de commerce avec le Japon alors impénétrable. Depuis des siècles, cette Sainte Montagne a été un lieu où se sont entassées des richesses, des présents inestimables de peuples amis ou tributaires.

Dans cette seconde cour, tous les petits phares d'ornement (les *toro*), rangés en longues files, sont en bronze ajouré avec ciselures dorées. Je n'avais encore jamais vu de la mousse s'accrocher à du métal bruni et brillant; cela a lieu ici, dans cette paix et cette ombre éternelles; la mousse croît sur le bronze ; ces *toro* portent des plaques de velours vert, ou des houppes de lichen gris, même sur leurs belles dorures encore si fraîches. Et c'est, je crois, un des charmes les plus singuliers de ce lieu, le mélange d'un pareil luxe, unique au monde, avec les dessous intimes de la forêt, avec les petites plantes si frêles et si sauvages qui ne croissent qu'après des siècles de tranquillité sur les ruines. Des mousses, des fougères, des capillaires et des lichens, vivant pêle-mêle et en bonne intelligence avec des laques et des ors, avec de délicates dentelles de cuivre et de bronze à peine ternies par le temps, cela ne se voit nulle part ailleurs : cette communion complète avec de la vraie nature nullement dérangée est ce qui donne surtout à ces magnificences leur air de choses enchantées, magiques.

Il y a aussi dans cette cour deux kiosques spéciaux pour les prêtresses qui font la danse sacrée du « kangoura » : un peu moins beaux ceux-ci, peut-être, et ayant forme de théâtre avec une scène ouverte placée à hauteur d'homme. Dans chaque kiosque, une seule prêtresse se tient sur le devant de la scène, assise et immobile ; jeune ou âgée, mais toujours vêtue du même costume qu'imposent les vieux rites : robe écarlate avec surplis de mousseline blanche ; sur le front, deux larges coques de mousseline blanche rappelant, en plus grand, le nœud des Alsaciennes ; à la main gauche, un éventail, à la main droite un hochet de cuivre, avec des grelots, comme la marotte d'une folie. La prêtresse, impassible comme une idole, tournant à peine les yeux vers le passant qui la regarde, se lève seulement pour danser lorsqu'un fidèle lance sur la scène une pièce de monnaie pour les dieux : elle se lève sans un remerciement, sans un sourire, comme un automate dont on aurait touché le ressort ; les yeux perdus dans le vague, elle danse d'une invariable manière.

La première que je fais ainsi lever en lui jetant mon offrande, est une très vieille femme, pâlie à l'ombre de ce bois sacré : bayadère de soixante ans, à la figure émaciée, mystique, qu'une couche de poudre blanchit comme un plâtre. Au tintement du métal contre les planches de son théâtre, elle se dresse dans sa blanche mousseline, elle se dresse lentement avec la grâce savante qu'elle a acquise dans les moindres mouvements de son corps maigre, et elle commence le pas rituel qui ne change jamais. Agitant son éventail large et sa marotte qui sonne, elle avance lentement, — puis recule, revient, recule encore, en trois ou quatre passes de plus en plus recueillies, de plus en plus graves. Et à présent, de sa petite main qui semble tout à coup épeurée, elle déploie l'éventail sur son visage, comme si, en ce monde, rien n'était assez pur pour ses yeux. Oh ! la très chaste créature, oh ! la très pudique, l'éthérée !... Mais maintenant, voici qu'elle défaille, elle va mourir... A reculons, à petits pas chancelants, elle s'éloigne encore une fois, en même temps que son corps s'incline toujours plus, toujours plus, en avant vers la terre comme pour une révérence suprême à la vie qui la quitte ; elle agonise, elle râle ; avec des gestes saccadés de souffrance, elle secoue sa marotte sur le sol, comme on ferait d'une branche mouillée pour en laisser tomber les dernières gouttelettes d'eau. Et son corps est si penché que, de sa tête retombée, les deux coques de mousseline pendent comme les oreilles d'une grande levrette blanche... Un dernier spasme plein de grâce, et elle s'affaisse, la vierge très pure, — c'est fini, elle s'est éteinte, elle est morte...

Indifférente, elle vient se rasseoir dans sa pose première, attendant une offrande nouvelle pour recommencer tout, avec des attitudes absolument pareilles.

Nous allons franchir maintenant la muraille beaucoup plus magnifique de la troisième enceinte, tout en laque d'or celle-ci, avec soubassements de bronze. Elle est divisée en une série de panneaux ajourés, où sont représentées, en sculpture profonde, toutes les bêtes de l'air et de l'eau, toutes les fleurs connues et toutes les feuilles : des méduses d'or étendent leurs tentacules parmi des algues d'or; sur des branches de glycines d'or, ou sur des roses, des cigognes d'or ouvrent leurs ailes, des phénix d'or déploient leur queue et font la roue. Une toiture de bronze, soutenue par des rangées d'animaux de toutes sortes, recouvre d'un bout à l'autre cette muraille, débordant beaucoup pour abriter tout cela contre les pluies des hivers. La porte d'entrée nous arrête comme une merveille plus étonnante que toutes celles déjà vues; ses battants énormes sont en laque finement ouvragée; ses ferrures d'or sont des pièces d'orfèvrerie découpées et gravées avec le goût le plus rare. Elle est gardée, non pas comme celle des temples ordinaires, par deux colosses au ricanement horrible, mais par deux dieux de figure et de grandeur humaines, ayant des rides de vieillard, un teint de cadavre, une expression de tranquillité rusée et pas sûre; ils siègent, l'un à droite, l'autre à gauche, sur des trônes, dans des niches délicieusement remplies de branches de roses et de pivoines en nacre et en ivoire. La toiture de bronze qui surmonte cette porte ne saurait être ni décrite, ni dessinée, avec sa hauteur monumentale, sa complication extrême, ses courbes qui se superposent, ses fleurons d'or, ses angles retroussés d'où pendent, comme des tulipes renversées, de longues cloches d'or. Elle est soutenue par une armée de « chiens célestes », de dragons et de chimères, qui s'avancent comme des gargouilles, s'étagent les uns par-dessus les autres en six rangées compactes; une armée griffue, cornue, méchante; un cauchemar d'or, figé là en pleine fureur, et s'extravasant par le haut comme une masse qui va tomber, se désagréger, s'élancer; toutes les gueules ouvertes, tous les crocs dehors, tous les ongles dégainés, toutes les têtes penchées et les gros yeux sortis des orbites pour mieux regarder qui ose venir..

Passant sous cette pyramide de bêtes, nous entrons enfin dans la troisième et dernière enceinte, au fond de laquelle le temple splendide est bâti, ce temple qui s'appelle : « le palais de l'Éclat d'Orient ».

Ici, il n'y a plus rien, plus même de cèdres ; cette cour est vide et à air libre, comme pour laisser un peu de repos aux yeux et à l'esprit, avant la merveille finale qui est le sanctuaire.

Toujours personne, que mon guide et moi-même. Mais tout à coup nos pas, qui jusqu'à présent avaient été silencieux sur le sable et la mousse, résonnent bruyamment ; nous marchons sur une couche de galets noirs qui roulent l'un contre l'autre avec un petit fracas particulier, très sonore. (Une chose d'étiquette, paraît-il, ces galets aux abords des temples ; les portes étant constamment ouvertes, les dieux et les esprits doivent être prévenus, par ce bruit de pas, que quelqu'un vient.) Personne, — et un lieu magnifiquement sinistre, une cour déserte, dont le sol est noir et où l'on est emprisonné entre des murailles d'or ; je me prends maintenant à songer à cette cité apocalyptique, *en or fin transparent comme verre, dont le premier fondement était de jaspe, le second de saphir, le troisième de cal-*

cédoine... D'ailleurs toutes les bêtes de l'Apocalypse, descendues du ciel, sont venues se ranger en légions sur ce temple, qui est maintenant devant nous, occupant tout le fond de cette cour. Sa façade et son portique rappellent la précédente enceinte, avec plus de richesse encore, plus de recherche surtout et de rareté exquise dans les formes ornementales; la conception d'ensemble en est encore plus étrange et plus mystérieuse; ses « chiens célestes » et ses dragons d'or, plus extravagants d'attitudes, semblent plus menaçants, plus furieux de nous voir.

Ce temple a trois cents ans; il est entretenu avec un soin minutieux; on n'a pas laissé ternir une seule de ses dorures; il ne manque pas un pétale à ses milliers de fleurs, ni une main à ses milliers de personnages, ni une griffe à ses milliers de monstres. Et cependant, à je ne sais quoi d'un peu atténué dans son éclat, d'un peu déjeté dans ses grandes lignes, on a parfaitement conscience de sa vieillesse; et puis il y a ces granits et ces bronzes des soubassements sur lesquels, par un raffinement de goût, on a respecté les mousses envahissantes, les lichens lentement rongeurs : tout cela accentue la notion que l'on perçoit, dès l'abord, de son grand âge. Et cette notion du reste est nécessaire à apaiser l'esprit; car, si dans les temples de l'Égypte on s'inquiète malgré soi des générations de travailleurs qui ont dû s'user à remuer ces granits immenses, ici on songe à tant de sculpteurs obstinés qui ont dû, pendant leur existence entière, s'épuiser à fouiller ces prodigieuses murailles en dentelle; et cela repose vraiment, de se dire qu'ils sont depuis longtemps morts, ces gens fatigués; qu'ils sont depuis longtemps au grand calme dans cette terre — d'où sortent peu à peu maintenant ces patientes petites mousses attaquant par la base leur œuvre laborieuse, ces fines petites fougères mêlant leurs découpures à celles si pénibles du bois durci et du métal...

Ce peuple qui bâtit avec du bronze, de l'ivoire et de la laque d'or, quelle impression de barbarie doit-il recevoir de nos monuments, à nous, en simple pierre; plus grands que les leurs, il est vrai, mais d'un aspect si rude et d'une teinte si grise, composée au hasard par la poussière et les fumées. Même les sculptures de nos églises gothiques doivent leur sembler des œuvres d'une inexpérience enfantine, exécutées sur des matériaux vils.

Et comme nous avons peine à nous figurer, devant ces choses si étonnamment conservées, que, depuis trois siècles, des pèlerins innombrables aient pu venir ici tous les ans, quelquefois par milliers ensemble : foules bien différentes des nôtres, évidemment; foules soigneuses, polies, s'avançant avec des révérences, sur des sandales légères, au froufrou des soies, au bruit des éventails.

Une telle conservation est déjà, à elle seule, un de ces prodiges japonais qui seraient bien impossibles chez nous, avec nos cohues de gens grossiers et casseurs...

Nous traversons cette cour vide. Le soleil matinal y pénètre ; deux de ces murailles d'or sont dans l'ombre, les deux autres brillent ; les têtes des grands cèdres d'alentour les dépassent ; on sent qu'on est au milieu des bois, et on entend bruire les cascades.

A la porte du *palais de l'Éclat d'Orient*, nous nous arrêtons sur de grandes marches de bronze pour nous déchausser comme c'est l'usage.

De l'or partout, de l'or resplendissant. Une ornementation indescriptible a été choisie pour ce seuil : sur les montants énormes, sont des espèces de nuages moirés, d'ondulations marines, au milieu desquels apparaissent çà et là des tentacules de méduses, des extrémités de pattes griffues, des pinces de crabes, des bouts de longues chenilles plates et squameuses ; toutes sortes de fragments horribles, imités, en gigantesque, avec une vérité saisissante et donnant à penser que les bêtes auxquelles ils appartiennent sont là, à demi cachées dans l'épaisseur des murailles, prêtes à enlacer, à déchirer les chairs. Cette splendeur a des dessous mystérieusement hostiles ; on la sent pleine de surprises et de menaces. Au-dessus de nos têtes, les linteaux sont ornés cependant de grandes fleurs exquises en bronze ou en or : roses, pivoines, glycines, branches printanières de cerisier aux boutons entr'ouverts ; mais, plus haut encore, des visages effrayants, immobilisés dans des grimaces macabres, se penchent vers nous ; des épouvantes de toutes formes se tiennent accrochées par leurs ailes d'or aux solives d'or des toitures ; on aperçoit en l'air des alignements de bouches fendues par des rires atroces, des alignements d'yeux à demi perdus dans d'inquiétants sommeils...

Un vieux prêtre, averti par le bruit des galets dans le silence de la cour, paraît derrière nous sur le bronze du seuil. Pour examiner ma permission que je lui présente, il met sur son nez des lunettes rondes qui lui font un regard de chouette.

En règle, mes papiers. Une révérence, et il s'écarte pour me laisser entrer.

Dans ce palais il fait sombre, de cette mystérieuse demi-obscurité où se complaisent les Esprits. Les impressions qu'on éprouve en y entrant sont toutes de splendeur et de calme.

Des murailles d'or, et une voûte d'or soutenue par des colonnes d'or. Une vague lumière frisante, éclairant comme par en dessous, entrant par des fenêtres très grillées, très basses ; des fonds ténébreux, indécis, pleins de miroitements de choses précieuses.

Des ors jaunes, des ors rouges, des ors verts ; des ors vifs ou atténués, discrets ou étincelants ; çà et là, aux frises, aux chapiteaux exquis des colonnes, un peu de vermillon, un peu de vert émeraude ; très peu, rien qu'un mince filet de couleur, juste assez pour relever quelque aile d'oiseau, quelque pétale de lotus, de pivoine ou de rose. Aucune surchage malgré tant de richesse ; un tel goût d'arrangement sous des milliers de formes diverses, un tel accord dans des dessins d'une complication extrême, que l'ensemble paraît simple et reposé.

Pas de figures humaines, pas d'idoles nulle part dans ce sanctuaire du shintoïsme. Sur les autels, rien que des grands vases d'or remplis de fleurs naturelles en gerbes ou de gigantesques fleurs d'or.

Pas d'idoles, mais des nuées de bêtes, ailées ou rampantes, connues ou chimériques, se poursuivant aux murailles, s'envolant aux frises et aux voûtes, dans toutes les attitudes de la fureur et de la lutte, de l'épouvante et de la fuite. Ici, un vol de cigognes détalant à tire-d'ailes le long d'une corniche d'or ; ailleurs des papillons avec des tortues ; de grands insectes hideux parmi des fleurs ou bien des combats à outrance entre bêtes fantastiques de la mer, méduses à gros yeux et poissons de rêve. Des plafonds où se hérissent et s'enchevêtrent des dragons innombrables. Des fenêtres découpées en trèfle multiple, d'une forme jamais vue, et qui éclairent à peine, qui semblent n'être qu'un prétexte à étaler toutes sortes de merveilles ajourées : treillages d'or où s'accrochent des feuillages d'or et sur lesquels jouent des oiseaux d'or ; tout cela accumulé comme à plaisir et laissant entrer le moins de lumière possible dans la profonde pénombre dorée du temple. Seules, les colonnes sont réellement simples, en fine laque d'or tout unie, avec des chapiteaux d'un dessin très sobre formant un peu calice de lotus, comme dans certains palais de l'Égypte antique.

On pourrait passer des journées à admirer séparément chaque panneau, chaque pilier, chaque détail infime ; le moindre petit morceau de la voûte ou des murs serait à lui seul une pièce de musée. Et tant de rares et extravagantes choses, arrivant à composer dans leur ensemble de grandes lignes tranquilles ; tant de formes vivantes, tant de corps contournés, d'ailes rebroussées, de griffes tendues, de gueules ouvertes et de regards louches arrivant à faire du calme, du calme absolu, à force d'harmonie inexplicable, de demi-jour, de silence...

Je crois du reste que c'est ici la quintessence de cet art japonais dont les lambeaux apportés dans nos collections d'Europe ne peuvent donner l'impression vraie. Et comme on est frappé de sentir cet art si éloigné du nôtre, parti d'origines si différentes ; rien qui dérive, même de loin, d'aucune de ces antiquités *à nous*, grecque, latine ou arabe, auxquelles sont puisées toujours, sans que nous nous en rendions compte, nos notions natives sur les formes ornementales ; ici, le moindre dessin, la moindre ligne, tout nous est profondément étranger, autant que pourraient l'être des choses venues de quelque planète voisine, jamais en communication avec notre côté de la terre.

Tout le fond du temple, où il fait presque nuit, est occupé par de grands portes de laque noire et de laque d'or, à ferrures d'or ciselé, fermant un lieu très saint que l'on refuse de me montrer. On m'explique du reste qu'il n'y a rien dans ces armoires ; mais ce sont des endroits où les âmes divinisées des héros aiment à se tenir ; les prêtres ne les ouvrent qu'à certaines occasions, pour y déposer des poésies à leur louange, ou des prières écrites savamment sur des papiers de riz.

De chaque côté du grand sanctuaire d'or deux ailes latérales sont tout en marqueteries, en prodigieuses mosaïques, composées avec les bois les plus précieux auxquels on a laissé leurs couleurs naturelles. Cela représente des animaux et des plantes ; sur les murs, des feuillages légers en relief, des bambous, des graminées d'une finesse extrême, des lianes d'où retombent des grappes de fleurs ; des oiseaux à grand plumage, paons, faisans ou phénix la queue déployée. Aucune peinture, aucune dorure ; ici, l'ensemble est sombre, le ton général est celui du bois mort ; mais chaque feuille de chaque branche est faite d'un morceau différent ; et aussi chaque plume de chaque oiseau, de manière à former, sur les gorges et sur les ailes, des nuances dégradées, presque changeantes.

Et enfin, enfin, derrière toutes ces magnificences, le lieu le plus saint, qu'on me montre en dernier, le lieu étrange entre les plus étranges : la petite cour funèbre qui renferme le tombeau. Elle est creusée dans la montagne, entre des parois rocheuses d'où l'eau suinte : les lichens et les mousses y font des tapis humides et les grands cèdres d'alentour y jettent leur ombre noire. Il y a là un enclos de bronze, fermé par une porte de bronze, qui est marquée en son milieu d'une inscription d'or, — non plus en langue japonaise, mais en langue sanscrite pour plus de mystère ; porte massive, lugubre, inexorable, extraordinaire au delà de toute expression, et qui est comme l'idéal même de la porte de sépulcre. Au centre de l'enclos, une sorte de guérite ronde également en bronze, ayant forme de cloche de pagode, forme de bête accroupie, forme de je ne sais quoi d'inconnu et d'inquiétant, et surmontée d'une grande fleur héraldique étonnante : c'est là, sous cette chose singulière, que s'est décomposé le corps du petit bonhomme jaune qui fût l'empereur Yeyaz et pour lequel tant de pompe a été déployée. Dans ce même enclos, un autel funéraire supporte ces trois objets traditionnels : le brûle-parfums à pans carrés ayant sur son couvercle un « chien-céleste » assis, la cigogne symbolique debout sur la tortue, et le vase avec son bouquet de lotus ; — tout cela en bronze ; tout cela un peu plus grand que nature, la cigogne haute comme une autruche, le brûle-parfums pouvant servir de berceau à un enfant, les feuilles du lotus larges comme des boucliers ; mais tout cela relativement simple après le luxe insensé du temple ; d'une simplicité ruineuse, il est vrai, et très exquise...

Un peu de vent ce matin agite les branches des cèdres, et il en tombe une pluie de petits piquants desséchés, une pluie brune sur les lichens grisâtres, sur les mousses en velours vert et sur les sinistres objets de bronze. Les cascades font leur bruit, qui est comme une perpétuelle musique sacrée, dans le lointain. Une impression de néant et de paix suprême plane dans cette dernière cour, à laquelle tant de splendeurs aboutissent.

Dans un autre quartier de la forêt, le temple de l'âme divinisée d'Yemidzou est d'une magnificence à peu près égale. On y arrive par les mêmes séries de marches, de petits phares ciselés et dorés, de portiques de bronze, d'enceintes de laque; mais le plan d'ensemble se démêle moins bien, parce que la montagne est là plus tourmentée. Les gardiens du seuil, au lieu d'être des vieillards somnolents et pâles assis dans des fauteuils, comme chez Yeyaz, sont deux colosses de dix-huit pieds, debout, nus, musclés comme l'*Hercule Farnèse*, l'un à peau rouge, l'autre à peau bleue, tous deux horribles, gesticulant, menaçant de la main levée, menaçant du regard, du rire moqueur et des dents pointus qui semblent grincer. Après eux, plus loin, il faut passer encore entre deux autres épouvantes : le dieu du Vent et le dieu du Tonnerre, géants aussi, et furieux, le rire atroce et la main prête à frapper.

Et puis viennent les mêmes portes merveilleuses, fouillées à jour, laquées et dorées ; les mêmes pléiades de « chiens-célestes » et de chimères ; les mêmes enchevêtrements fantastiques de chevrons et de gargouilles sous les hautes toitures en bronze ; les mêmes murailles d'or.

Au dedans, un étincellement d'or pareil à celui de chez Yeyaz. Vraiment, des palais de ces âmes, on ne sait lequel est le plus beau ; l'étonnement est que le même peuple ait trouvé le temps d'en construire deux. Ce qui est particulier à ce dernier, c'est une rangée d'énormes vases en bronze doré, d'une forme religieuse consacrée, qui sont posés à terre, et d'où s'élèvent jusqu'au plafond des arbres d'or de grandeur naturelle : un bambou d'or d'une légèreté de folle-avoine ; un cèdre d'or, avec ses milliers de petits piquants si fins ; un cerisier d'or, en fleurs comme au printemps. Chacune de ces plantes, copiée avec cette fidélité à la fois très naïve et très habile qui est spéciale à l'art japonais, et formant comme un brouillard d'or plus clair, en avant de la pénombre dorée qui est le fond de tout dans cette demeure.

Et ces belles choses aboutissent, cela va sans dire, à la petite cour du Néant, où se tiennent la sinistre guérite de bronze recouvrant le cadavre, et l'autel avec sa cigogne, son vase à encens, son lotus. Sur la petite porte basse du sépulcre, brille l'inscription indéchiffrable ; sur le couvercle du brûle-parfums, le « chien-céleste » ricane, de son ricanement toujours le même ; mais tout cela semble un peu usé, un peu raviné par le temps, par les pluies ; et devant ce délabrement du bronze on s'étonne davantage de la résistance, de la fraîcheur inaltérée des laques et des ors ; on a mieux conscience aussi de l'antiquité du lieu. Et puis il fait plus lugubre ici que chez Yeyaz ; c'est plus encaissé, plus obscur sous les cèdres ; des suintements d'eau partout ; l'humidité verdâtre des fonds de puits, l'envahissement des capillaires et de certaines mousses, voisines des algues, qui, d'ordinaire, ne croissent que dans les fontaines...

Il y a dans la Sainte Montagne encore beaucoup d'autres temples, d'autres portiques de bronze aux architraves relevées en croissant de lune, d'autres kiosques, d'autres tombeaux ; on y monte, sous la même voûte d'arbres gigantesques, par d'autres avenues bordées des mêmes balustres et tapissées des mêmes velours verts ; c'est toute une ville des Esprits, bâtie sous bois et sans habitants visibles.

Mais ces deux temples d'Yeyaz et d'Yemidzou sont d'une beauté trop écrasante ; on passe ensuite indifférent devant les autres, qu'on aurait certainement beaucoup admirés ailleurs. Du reste, à la longue, on éprouve une lassitude à voir tant d'or, tant de laque, tant d'étonnant travail accumulé ; c'est comme un enchantement qui durerait trop ; et puis cela dégoûte de ce qu'on avait vu précédemment, de ce que l'on possède et des lieux qu'on habite, si recherchés qu'ils puissent être ; cela fait prendre en pitié beaucoup de belles choses terrestres. — Et si c'est une fatigue de regarder, à plus forte raison sans doute en est-ce une de lire ces descriptions que je fais, qui ne peuvent être que des espèces de minutieux inventaires de richesses et où le mot or revient fatalement à chaque ligne.

J'ai dit qu'il n'y avait personne dans ces temples, personne que les prêtres gardiens : quelques vieux bonshommes à tête grise et à longs cheveux ; aussi quelques petites filles occupées ce matin à changer les fleurs naturelles, dans ces vases sacrés où depuis des siècles on entretient de sveltes bouquets, hauts sur tige. On n'attendait pas de visites, sans doute, et cependant il y a déjà des fleurs partout : fleurs d'automne, scabieuses et grands chrysanthèmes arrangés là avec ce goût Japonais qui leur imprime une certaine élégance à part, très différente de celle que nous saurions leur donner.

Je n'avais encore jamais vu brosser de la mousse. Ici, devant un temple, je trouve deux bonzes occupés à ce travail ; avec des espèces de balais fins, ils époussettent l'incomparable tapis de velours vert qui recouvre les dalles de granit de leur cour, et sur lequel tombent sans cesse, obstinément, les petits piquants bruns des cèdres. A les regarder faire avec tant de soin, on sent qu'ils ont l'admiration de ces mousses et de ces lichens, de tout ce luxe intime de la forêt qui est plus beau à Nikko qu'ailleurs, et que les dieux aiment aussi.

Plus haut, vers les cimes, là où s'arrêtent les avenues bordées de balustres pour faire place aux petits sentiers pleins de fougères et de racines, dorment au bruit des cascades d'autres saints beaucoup plus vieux : tous ces premiers sages qui, dès le IIIe et le IVe siècle, sanctifièrent la montagne; leurs tombeaux de granit, très modestes, très frustes, rappellent presque nos menhirs celtiques. Il y a aussi de petits temples grossiers, où les femmes apportent, pour devenir mères, des vœux écrits sur des plaquettes de bois; et ces plaquettes amoncelées pourrissent devant les portes. Il y a des rochers miraculeux que l'on vient, de très loin, toucher pour être guéri de maladies affreuses et qui sont polis et usés par les mains. Il y a toutes sortes de pierres consacrées possédant des vertus magiques; il y a toutes sortes de statues de granit, debout dans des recoins ou effondrées sous des herbes, presque informes à force d'être vieilles et moussues. Et puis il n'y a plus rien, que la forêt sauvage; tout finit, même les sentiers. Les cascades seules, échevelées, plus minces, plus froides, continuent de se démener et de bruire, dégringolant des derniers sommets; c'est le centre de la grande île japonaise, et on arrive tout de suite à la région où n'habitent plus que ces ours, dont les peaux grises alimentent les boutiques de Nikko.

Il est environ une heure de l'après-midi lorsque je redescends de ma première visite, commencée de si bon matin à la Sainte Montagne. Quand j'approche de nouveau du quartier magnifique des empereurs, le soleil plus élevé et plus clair perce mieux la voûte noire des arbres, ruisselle davantage sur les monstres d'or et les rosaces d'or, aux faîtes des temples. Vue par en dessus, des hauteurs surplombantes, cette ville des morts paraît comme aplatie sous ses toits lourds revêtus de bronze : c'est une des étrangetés, et peut-être un défaut de cette architecture, ces toits trop compliqués, trop débordants, trop énormes, posés comme d'écrasantes carapaces, sur des murailles merveilleuses, mais en somme peu élevées.

Il fait plus chaud en redescendant. Les cigales chantent comme au beau mois de juin et des singes sautent dans les branches, en criant avec des voix d'oiseau, aigres et vilaines. Quel pays où tout est bizarre, ce Japon ! Un hiver presque comme celui de France, avec des gelées, des neiges, — et les cycas poussent tout de même, les bambous deviennent grands comme des arbres ; d'un bout de l'année à l'autre les cigales chantent ; les singes frileux trouvent moyen de vivre dans les bois, les campagnards vont presque nus aux champs, et tout le monde grelotte dans des maisons de papier. Vraiment on dirait d'un pays tropical qui serait remonté vers le nord sans s'en apercevoir, étourdiment, sans prendre ses dispositions d'hiver.

Nous voici tout en bas, revenus au pont des pèlerins, puis repassés sur l'autre rive, sortis de la forêt sainte.

Finie, l'ombre triste des cèdres ; à présent, c'est tout à coup la grande lumière, l'air libre, la voûte du ciel bleu. Le village de Nikko se chauffe au soleil, après avoir eu si froid cette nuit. Une légère buée blanche d'automne flotte sur les maisonnettes ; mais au-dessus, l'atmosphère est très pure, les cimes boisées se découpent avec une netteté extrême sur le vide d'en haut. Une quantité de nouvelles peaux d'ours ont été étalées à sécher, en plus de celles qui déjà ce matin pendaient tout le long de la rue. Des messieurs japonais, qui flânent et font la belle jambe devant les petites boutiques d'objets de piété, m'adressent des révérences profondes : mes coureurs d'hier, que je ne reconnaissais pas, en si galantes robes de contonnade à fleurs ! Ils espèrent toujours, me disent ils, avoir l'honneur de me ramener à Utsunomya, et me prient de leur renouveler la promesse que je leur en ai faite au départ. — Oh ! très volontiers, car ils courent vraiment fort bien.

Au sortir de ce sombre rêve d'or qui est la Sainte Montagne, tout ce Japon ordinaire semble encore plus saugrenu, plus comique, plus petit.

On m'avait dit à Yeddo que la saison était beaucoup trop avancée pour faire ce voyage; je la crois au contraire on ne peut mieux choisie : si j'étais venu au printemps, qui rayonne très gaiement sur le Japon, ou bien à la splendeur de l'été, quand il y a ici des pèlerins accourus de toutes les îles de l'empire, je n'aurais pas connu cette impression inoubliable, d'arriver seul visiteur dans cette nécropole splendide, en entendant la grande musique des eaux grossies, en sentant partout dans la forêt la mélancolie de novembre...

Indépendamment de la Sainte Montagne, tous les environs de Nikko, tous les bois d'alentour sont remplis de sépultures vénérées, de lieux d'adoration.

Une après-midi, je remonte le cours du torrent qui sépare le village de la ville dorée des morts, mais cette fois sur la rive opposée à celle des grands temples. Tout au bord du lit creux et profond où se démènent les eaux bruissantes, j'ai pris un sentier plein de campanules et de scabieuses, le long du bois. Et il y a là partout des tombes très antiques, rongées de mousse, des bouddhas en granit cachés sous les verdures jaunies ou effeuillées, des inscriptions en langue sanscrite qui doivent dater d'époques bien lointaines. Plus on s'élève, plus le torrent s'agite et fait tapage; il bouillonne au fond de son abîme, sur un amoncellement de gros blocs d'un gris souris, qui sont tous ronds, tous polis et striés comme des dos de bêtes : on dirait des éléphants morts, effondrés en troupeaux au milieu de l'écume blanche. Des montagnes abruptes, très boisées, encaissent cette vallée de plus en plus; elles montent dans le ciel verticalement, avec des cimes pointues, des dentelures excessives. Un chaud soleil brille encore, mais on a conscience de l'arrière-automne, à cause de ces graminées desséchées qui jettent sur tous les buissons des nuances grisâtres, à cause de ces tons si variés qu'ont les bois. Il y a des érables qui sont violets, et d'autres qui sont complètement rouges.

De loin en loin, quelques pauvres hameaux, qui ont l'air sauvage. Des paysans à longs cheveux et à chignon; tout nus, de petite taille, mais qui semblent coulés en beau bronze.

Inutile de leur demander des renseignements sur les chemins, à ceux-ci, je sais cela depuis longtemps : avec des sourires et des saluts, ils s'amuseraient à m'égarer.

Dans le sentier, un petit garçon d'une huitaine d'années, vêtu mais déguenillé, vient là-bas devant moi; il porte, attaché sur son dos, un petit frère naissant, emmailloté et endormi. Au moment où nous nous croisons, il me fait une grande révérence de cérémonie, si inattendue, si comique et si mignonne en même temps que je lui donne des sous. Et puis je continue ma route sans plus penser à lui, ne croyant plus le revoir.

Toujours des bouddhas en granit, de très vieux bouddhas, assis de distance en distance sous les buissons et les épines. En voici maintenant un vrai régiment, au moins une centaine, tous pareils, et très bien alignés, formant une courbe qui suit la direction du torrent; sans doute ils regardent les eaux courir et bondir au fond de leur lit sombre... Je me rappelle à présent qu'on m'avait parlé de ceux-ci; il y a même sur eux cette légende, qui circule à Yeddo : personne, paraît-il, n'a jamais pu savoir leur nombre; les différents pèlerins qui ont essayé de les compter n'ont pas réussi à tomber d'accord, et il en est résulté des disputes, des rancunes.

Ils sont bien laids, ces gnomes, et doivent être malfaisants, c'est certain. Le temps et le lichen leur ont mangé des morceaux de figure, quelquefois une de leurs longues oreilles, ou bien le nez. Devant chacun d'eux traînent dans l'herbe des cendres noires, des débris de baguettes d'encens, restes des pèlerinages de l'été. Des petites bandes blanches ou rouges, portant des caractères imprimés, sont collées au hasard sur leurs ventres; cartes de visite des fidèles qui sont venus, à la saison, leur rendre hommage ou leur demander grâce; et les pluies ont détrempé ces papiers.

Plus loin, au bord de ce même sentier des bois, une grotte, marquée d'une inscription bouddhique, ouvre dans une roche son trou obscur. Horreur! elle est jonchée par terre de cheveux humains, jonchée de ces longues mèches noires, rudes et grasses, qui poussent sur les têtes japonaises. A quel usage est-elle donc, cette grotte, et qu'est-ce qui peut bien s'y passer?...

Plus loin encore, beaucoup plus loin et plus haut, dans une sorte de large cirque tapissé de verdure, neuf cascades dégringolent à la fois, toutes semblables et lancées côte à côte dans le vide.

Et enfin, dans une région trèsélevée où j'arrête ma promenade, un grand lac mystérieux s'étend, à je ne sais quelle hauteur au-dessus du niveau des mers, entre des montagnes et des forêts profondes où ne se voit plus aucune trace des hommes.

Revenant de ma longue course, le soir, au baisser du soleil, j'aperçois là-bas, au même point où je l'avais rencontré au départ, le petit bonhomme qui m'avait fait une révérence si belle. Il a toujours sa petite poupée de frère sur son dos, et il est posté comme pour me saisir au passage, sachant bien que je n'ai pas d'autre route de retour.

Il m'a vu, et il vient à moi, traînant ses pauvres socques de bois, tout courbé sous le poids du bébé endormi : c'est pour m'offrir, en reconnaissance des sous que je lui ai donnés, un bouquet de campanules qu'il a cueillies pour moi. Une nouvelle révérence très mignonne, et il se sauve, évidemment sans rien attendre.

Eh bien! c'est le seul témoignage de cœur et de souvenir qui m'ait été donné au Japon, depuis tantôt six mois que je m'y promène. Je rappelle l'enfant, très touché de sa petite idée; je l'embrasserais presque, s'il n'était pas si laid et si malpropre; mais vraiment il n'y a pas moyen. Comment s'y est-il pris pour être si mal venu, à ce bon air des montagnes, à cette fraîcheur vivifiante des torrents? Il a du mal plein les cheveux, son petit frère aussi; on n'a même pas pu les raser par places pour leur composer cette coiffure en quouettes séparées qui est réglementaire pour les bébés de leur race. Mais il me regarde avec de si bons yeux, si expressifs, si tristes... Pauvre petit être manqué, destiné à végéter misérablement quelques années dans ces bois, sans rien connaître ni jouir de rien, jusqu'à l'heure de s'en retourner féconder les racines des plantes vertes... Quel mystère, qu'un seul regard furtif de lui ait pu faire ce que souvent les beaux discours de mes semblables ne font pas, me pénétrer si profondément, trouver le chemin de ce qu'il y a en moi de meilleur et de plus enfoui, évoquer si vite le sentiment de l'universelle fraternité de souffrance, la pitié douce et profonde !...

Je lui donne tout ce que j'ai de monnaie dans ma bourse, plein sa petite main qu'il laisse ouverte, ne pouvant croire à tant de richesse. Et je m'en vais, emportant mon bouquet de campanules sauvages, le seul souvenir désintéressé qui me restera de ce pays.

Une heure solennelle, dans la Sainte Montagne, est celle de la tombée du jour, quand on ferme les temples. C'est une heure un peu lugubre aussi, surtout à cette saison d'automne où les crépuscules portent en eux-mêmes un recueillement triste. Avec des bruits lourds, qui se prolongent dans la sonorité de dessous bois, les grands panneaux de laque et de bronze roulent sur leurs glissières, murant les demeures magnifiques qui ont été ouvertes tout le jour et où personne n'est venu. Un frisson de froid humide passe sous les hautes futaies noires. A cause du feu, qui pourrait consumer ces merveilles, aucune lumière ne s'allume nulle part, dans cette ville d'Esprits où cependant il fait sombre plus tôt et plus longtemps qu'ailleurs; aucune lampe ne veille sur ces richesses qui, depuis des siècles, dorment ainsi dans l'obscurité, au centre du pays japonais; et les cascades grossissent leur musique, à mesure que le silence de la nuit se fait dans le bois plein d'enchantements...

On est très obséquieux à la maison-de-thé, quand je rentre le soir; l'hôte, mes coureurs et les jeunes servantes s'empressent à délacer mes guêtres et mes bottines, me tirant les jambes en tous sens. Et puis, en pieds de bas, je monte dans ma chambre de papier, par le tout petit escalier luisant qui craque et tremble.

C'est l'heure du bain; quelqu'une des servantes, qui court toute nue sous la véranda, une lanterne d'une main, une serviette de l'autre, prête à se plonger dans l'eau tiède, s'arrête pour s'informer si je n'irai pas me baigner, moi aussi. Mon Dieu, cela dépend ; j'en ai grande envie, mais comme la cuve est commune à tout le monde, je désire m'assurer d'abord s'il n'y a pas parmi les voyageurs quelques messieurs nippons avec qui cette promiscuité me serait pénible. — Non, rien que des voyageuses, ce soir, rien que des dames ; c'est déjà un grand point. Une mère de famille, encore à la fleur de l'âge, et ses deux filles d'une quinzaine d'années, toutes trois avenantes, saines et fraîches. Alors, oui, je serai de la partie.

Donc, il faut redescendre, à l'aide d'une lanterne et d'une paire de socques appropriés à la circonstance, il faut traverser le jardin, pour gagner la salle isolée où cette baignade se passe. Déjà un froid de loup, dans ce jardin maniéré, qui est envahi complètement par la nuit et où le brouillard des soirées de novembre est descendu sur les rocailles et les plantes naines ; autour de ces petites choses, les montagnes font de grandes murailles noires où l'on entend courir des cascades; et un peu de lumière reste encore, tout en haut, dans le ciel d'un rose glacial d'hiver, où brillent les premières étoiles ; — tout cela triste; je ne saurais vraiment pas trop définir pourquoi; tout cela étrange surtout, étrange et *lointain*, avivant l'impression que j'avais déjà, depuis la tombée du jour, des distances extrêmes entre les pays, des abîmes entre les races, et en particulier de l'isolement de ce village perdu...

Les belles voyageuses m'ont précédé dans l'eau, à ce qu'il paraît, car en approchant j'entends leurs éclats de rire mêlés à des clapotements légers, — et la tristesse des choses me semble s'envoler d'un seul coup, à ces bruits drôles.

Une douce chaleur, en entrant dans la petite salle basse, emplie d'une buée blanchâtre; la lampe éclaire avec discrétion, enfermée dans une guérite carrée en papier transparent, sur laquelle sont peintes, cela va sans dire, deux ou trois chauves-souris. Tout est en bois, les murs, les bancs, les berges étroites où l'on se déshabille, et la piscine où les voyageuses sont déjà plongées ; un bois blanc, savonné, sur lequel on se sent en danger de perpétuelle glissade ; un bois très propre assurément, mais trop poli par le contact des corps humains et gardant l'odeur fauve de la chair jaune.

Ces trois dames ont le bain extrêmement folâtre ; une barrière à claire-voie, comme celle qu'on met dans les aquariums pour faire des compartiments spéciaux à certains phoques, me sépare de leurs jeux ; mais, par-dessus cette clôture anodine, nous échangeons quelques agaceries charmantes, agitant en l'air ces bandes d'étoffe bleue, ornées de sujets drolatiques blancs et noirs, qui sont les serviettes japonaises. L'hôte et l'hôtesse, debout sur la berge glissante, assistent à ces ébats ; non pour les contrôler, car ils professent un détachement absolu des incidents qui pourraient survenir ; mais par politesse et pour être prêts à essuyer, avec des linges chauds, les personnes des deux sexes qui leur en feraient la demande.

Au sortir de la piscine, je trouve ma dînette de

poupée toute prête, dans mon logis que réchauffe une urne de bronze pleine de feu.

Mais quand je suis assis par terre, devant mes petits plateaux, devant mes petites tasses couvertes à devinettes, et mes petites soucoupes, voici que peu à peu cette chambre s'emplit de personnages inconnus, qui entrent l'un après l'autre, sans bruit, furtivement, cauteleusement, avec des révérences, — et s'asseyent — et déballent sur les nattes des objets inouïs : vieux ivoires drolatiques, petits dieux de laque et d'or, vieilles étoffes provenant des temples, vieilles images mythologiques représentant des scènes à faire frémir. Ce sont tous les marchands d'antiquités de Nikko, ameutés autour de ce visiteur européen qui leur est arrivé, unique et inattendu en une saison pareille. Et maintenant, en voici d'autres encore, qui apportent des ballots inquiétants, énormes : tous les marchands de peaux d'ours et de peaux de putois, entrant à la file avec moins de discrétion que les premiers, enhardis par ma tolérance ! Ma chambre est bondée de monde et de choses ; c'est devenu un bazar confus, indescriptible; je suis absolument débordé par cette marée montante... Avec mille saluts, mille sourires on me secoue des peaux de bêtes sur ma dînette, pour me faire constater que le poil est fourni et solide; des gens, pour me montrer des ivoires me tirent par ma manche, quand j'ai déjà tant de peine à manger convenablement avec mes baguettes.

Je n'avais nulle intention de faire des achats à Nikko, ce dont ces marchands s'aperçoivent et ce qui est une excellente condition pour ne pas payer cher. Ils s'entêtent, baissent leurs prix jusqu'aux dernières limites; cela devient une espèce de vente à la criée, très comique, aux enchères décroissantes. Et je me trouve enfin embarrassé d'une grande fourrure dont je n'avais aucune envie, de deux éléphants, de plusieurs magots.

C'est assez, par exemple, et comme il n'y a pas moyen de les renvoyer, comme, à ma porte, le monceau menaçant des peaux d'ours grossit toujours, je demande mes couvertures, mon oreiller de peluche noire, puis, résolument, devant tout ce monde, je me couche et ferme les yeux.

Alors, lentement, la foule se dissipe, ma chambre se vide. Les derniers qui s'en vont sont assez aimables pour tirer derrière eux les panneaux en papier, et je me trouve seul, dans un lieu clos.

Encore la promenade agitée des jeunes servantes, en ombres chinoises, sous la véranda, et enfin le silence, le sommeil.

Le matin du départ, aux premiers rayons du soleil levant, tout le monde est debout dans la maison-de-thé. L'hôte, l'hôtesse, les *mousmés*, font à qui aura l'honneur de lacer mes bottines une dernière fois, à qui sera assez heureux pour me verser, à l'heure de la séparation, une suprême tasse de thé. La discussion de la note est longue, comme toujours; en plus du prix de la pension fixé d'avance, il y a une quantité de surprises qui l'ont beaucoup grossie: mes coureurs ont mené la grande vie à mes frais; mon guide s'est fait offrir une gratification et un déjeuner, etc., etc. Il faut rectifier tous ces abus, non pour la somme en elle-même, car elle est encore bien minime malgré tant de duperies, mais pour n'avoir pas l'air trop niais, car en ce pays si on se montre trop généreux, les gens vous récompensent en moqueries et en mauvais tours.

Pendant cette vérification, mes coureurs, dans la rue, qui se sont mis en tenue de voyage (petite veste d'indienne très courte et pas de pantalon) grelottent, s'impatientent, sautillent d'un pied sur l'autre, tout courbés, tout ratatinés de froid, leurs respirations faisant autour d'eux des buées blanches, dans l'air matinal, sec et pur.

Il paraît que tout a été convenablement réglé, que j'ai payé suffisamment mais pas trop, car les adieux sont parfaits, — et d'un correct!... Quand je monte dans mon petit char, tout le personnel de la maison-de-thé sort sur la porte, puis se prosterne, tombe à quatre pattes, marmotte en chœur des vœux de bon voyage.

Dès que j'honore d'un coup d'œil ce groupe respectueux, les chignons s'inclinent davantage et les fronts touchent le sol. Et toujours, toujours ainsi; tandis que nous nous éloignons rapidement, chaque fois que je me retourne pour les apercevoir encore, quand ils sont déjà très loin, devenus tout petits comme des marionnettes, sous mon regard ils recommencent leurs plongeons d'ensemble et remettent leurs bouts de nez par terre.

Nikko, le petit village lointain, qui déjà ouvre ses boutiques, étale au soleil ses peaux d'ours et de putois, disparaît bientôt tout au bout de l'avenue des cèdres sombre et majestueuse.

La nef infinie recommence, la nef de dix lieues de long. L'ombre y est glaciale. Mes coureurs filent à toutes jambes; mon petit char s'en va bondissant. J'ai tellement froid, par cette vitesse, que de temps à autre je les arrête pour mettre pied à terre, et, malgré leur indignation, courir aussi.

Cette fois, nous avons pour nous la pente descendante, et puis la lumière, le grand jour. De sorte que nous ne mettons que cinq heures à accomplir ce long trajet, et encore le temps passe-t-il étonnamment vite, coupé par des haltes dans ces auberges de relais où nous prenons un peu de thé, un peu de riz, un peu de chaleur pour nos doigts, devant la braise des réchauds.

Vers midi, Utsunomya, la grande ville, reparaît.

Et Utsunomya est en fête : des illuminations préparées pour le soir, des lanternes partout.

C'est la fête des enfants, me disent mes coureurs ; et en effet, ils sont tous dehors, encombrant les petites rues noirâtres, tous bien peignés et en toilette de gala ; gentils et impayables, avec leurs robes longues, leurs grandes ceintures nouées sur le derrière en coques pompeuses.

Et chacun d'eux traîne une voiture, avec une poupée assise sur un trône. Les bébés riches ont des poupées superbes, enguirlandées, enrubannées ; les petits malheureux promènent des pauvres vieilles marottes, comme celles du massacre des Innocents, ornées de papier doré, d'oripeaux. Un de ces derniers s'arrête sur mon chemin pour me faire bien remarquer la sienne, qui est très minable pourtant, mais qu'il aime peut-être beaucoup tout de même ; il la roule dans une voiture fabriquée d'un débris de caisse, — tout ce que ses parents ont pu faire de mieux pour lui, sans doute, — et il me regarde, avec une petite figure anxieuse de deviner si je la trouverai jolie. Alors je m'efforce d'avoir l'air de l'apprécier, en me penchant pour la voir.

Nous approchons maintenant de l'Hôtel de Ville, monument bien remarquable, tout neuf, bâti à l'européenne, en style de gare. Il y a des lanternes vénitiennes alentour, et sur la façade un cadran marque, comme chez nous, des minutes, des heures, toute notre division du temps qui aura bientôt remplacé, au Japon, l'étrange division ancienne, l'*heure du coq*, l'*heure du rat*, l'*heure du renard*... Dans ce quartier neuf, un spectacle charmant s'offre à moi tout à coup, sur lequel je n'avais pas osé compter : le défilé des fonctionnaires ! Redingotes noires, chapeaux hauts de forme posés galamment sur des cheveux longs, figures plates sans yeux, gants de filoselle blancs : un édit de Sa Majesté le Mikado les oblige, deux ou trois fois par année, dans les grandes circonstances, à revêtir ce costume occidental qui sied si bien. Je les croise, et leur beau cortège nous force à ralentir notre course. Ils marchent à la queue leu leu, importants, officiels ; en les regardant je sens que malgré moi un sourire très visible s'accentue peu à peu sur ma figure.

S'accentue jusqu'au moment où passe un vieux qui me jette un regard de douleureux reproche, ayant l'air de me dire : « Tu te moques de nous ? Eh bien ! ce n'est pas généreux de ta part, je t'assure, puisqu'on nous a donné l'ordre d'être ainsi... Je le sais bien assez, va, que je suis laid, que je suis ridicule, que j'ai l'air d'un singe. »

Il paraît tant en souffrir, que je redeviens grave.

Contestations au guichet du chemin de fer, où je n'ai que le temps de prendre mon billet pour Yokohama. Même là on essaye de me voler sur le change de mes piastres, qui sont mexicaines avec un soleil au lieu d'être nipponnes avec une chimère enroulée. Je proteste, d'un ton d'insolence voulue ; alors on voit que *je sais*, et l'on redevient coulant, aimable, obséquieux.

De une heure de l'après-midi à cinq heures du soir, voyage en train express, avec des Japonais quelconques en costumes mi-partis : ulsters du

Pont-Neuf à longs poils, sur des robes nationales en coton bleu.

Vers dix heures, arrêt de quarante-cinq minutes, bien imprévu, à Hakoni, le lieu de bifurcation entre la ligne d'Yeddo que je quitte et celle d'Yokohama que je vais prendre, pour aller rejoindre mon navire en rade. Une petite station de rien du tout, pas de salle d'attente, et le village très loin. Me voilà seul, dehors, dans le noir glacial de la campagne, une nuit de gelée, n'ayant pas dîné et ne sachant que faire.

Au bout d'un sentier, une maisonnette m'apparaît ; un de ses panneaux est entr'ouvert et laisse passer la raie lumineuse d'une lampe. Maison-de-thé, ou habitation particulière ? J'entre pour voir.

Un appartement vide, assez soigné dans sa nudité ; au plafond, une veilleuse suspendue ; des nattes irréprochables. Personne, et pas l'ombre d'un meuble ; mais, accrochés aux murs, trois ou quatre petits cornets en bois, d'une forme distinguée, d'où sortent des fougères sauvages mêlées à des fleurs de roseau, le tout arrangé avec une grâce légère. Et nous sommes dans un hameau perdu, chez de pauvres cultivateurs ou des aubergistes campagnards ! Parmi nos paysans de France, qui donc aurait l'idée d'un ornementation aussi simple et raffinée ; qui comprendrait seulement le premier mot de ces choses?

Je frappe du talon sur le plancher, et un panneau du fond s'ouvre : — *Oh! ayo!* me dit une figure de *mousmé*, que, du premier coup d'œil, je trouve étonnamment attachante et jolie.

C'est bien une maison-de-thé, et la petite servante est à mes ordres : alors je demande à manger, à boire, du feu, des cigarettes, toutes sortes de choses qui me seront servies par elle, et je m'assieds, la regardant faire.

Il est affreux son dîner, bien plus mauvais et plus énigmatique que ceux de Nikko. Dans le réchaud, de détestables braises fument et ne répandent pas de chaleur ; j'ai les doigts si engourdis que je ne sais plus me servir de mes baguettes. Et, autour de nous, derrière la mince paroi de papier, il y a la tristesse de cette campagne endormie, silencieuse, que je sais si glaciale et si noire... Mais la *mousmé* est là, qui me sert, avec des révérences de marquise Louis XV ; avec des sourires qui plissent ses yeux de chats à longs cils, qui retroussent son petit nez, déjà retroussé par lui-même, — et elle est exquise à regarder ; elle est la seule Japonaise que j'aie rencontrée si complètement et si étrangement jolie. Et la fraîche santé rayonne en elle ; on la sent dans la rondeur de ses bras nus, dans la rondeur de sa gorge et de ses joues, partout, sous le bronze doucement poli et presque mat de sa peau.

Et puis elle s'exprime très bien, pour une enfant paysanne ; elle se fait un jeu des conjugaisons compliquées et pompeuses en ***degosarimas***, elle met les particules honorifiques, en *o* et en *go*, non seulement devant mon nom, mais devant les choses qui m'appartiennent ou me sont destinées, comme mon thé, mon sucre, mon riz. Oh ! la délicieuse et impayable petite créature !

Je lui demande son âge, par politesse : au Japon, un homme bien élevé doit toujours s'informer de l'âge d'une dame.

— Dix-sept ans ! — Je m'en doutais, toutes les

mousmés ont dix-sept ans quand on les questionne. Dans le fond, je pense qu'elle n'en sait rien au juste, celle-ci pas plus que les autres, et puis cela m'est bien égal.

... Mais voici que peu à peu la vision splendide, le rêve d'or de la Sainte Montagne, qui me poursuivait depuis Nikko, s'éloigne, pâlit, me paraît une grande chose fastidieuse, vaine et morte, — comparée à une simple petite fille... Du reste ils donneraient volontiers, je pense, leur éternité de laque et de bronze, ces empereurs passés qui dorment là-bas, pour en être encore à ces instants fugitifs où les yeux sont grands ouverts sur les réalités de ce monde et peuvent, à eux seuls, enivrer le corps tout entier rien qu'avec une image de *mousmé*...

Parce qu'elle est jolie, celle-ci, parce qu'elle est très jeune, surtout parce qu'elle est extraordinairement fraîche et saine, et qu'un je ne sais quoi dans son regard attire le mien, voici qu'il y a un charme subitement jeté sur l'auberge misérable où elle vit : je m'y attarderais presque ; je ne m'y sens plus seul ni dépaysé ; un alanguissement me vient, qui sera oublié dans une heure, mais qui ressemble beaucoup trop, hélas! à ces choses que nous appelons amour, tendresse, affection, et que nous voudrions tâcher de croire grandes et nobles.

De tels effets sont pour nous donner la très effrayante preuve de la matière, rien que matière, dont nous sommes pétris, et du néant d'après…

AU TOMBEAU DES SAMOURAÏS

A Mademoiselle Maggie.

C'est ici que *la tête* a été lavée : n'y trempez ni vos pieds, ni vos mains.

Cela est écrit au pinceau, à l'encre, sur une planchette de bois blanc, au bord de la plus fraîche et de la plus délicieuse des petites fontaines, — sous de grands arbres, à mi-hauteur d'une colline ombreuse qui regarde au loin la baie d'Yeddo.

Jamais inscription plus lugubre ne fut posée à une place plus charmante. Cette eau « où il ne faut tremper ni ses pieds ni ses mains » est limpide, dans un bassin de vieilles pierres, sur des mousses aquatiques fraîches et exquises, admirablement vertes. A côté de la fontaine défendue il y a des arbres nains aux feuillages délicats d'un vert aussi beau que celui des mousses, et un grand camélia sauvage, qui étale à profusion ses fleurs simples, semblables à des églantines roses. C'est dans un lieu paisible, à l'écart des bruits de la vie. Toute la colline est remplie de sépultures antiques et de pagodes cachées sous les arbres. Aux senteurs des plantes se mêle un religieux parfum d'encens dont le plein air est constamment imprégné, comme serait l'air d'un temple.

L'écriteau ne dit pas quelle est cette tête coupée qu'on est venu laver dans cette eau claire; il dit seulement : « la tête ». — Mais tous les passants le savent. En ce pays, où l'on a dans le peuple le culte des légendes et des morts, inutile de préciser davantage…

Et moi aussi, du reste, bien qu'étranger, je le sais. Étant enfant, j'avais lu autrefois, en un manuscrit rare, cette histoire des « quarante-sept fidèles Samouraïs », me passionnant pour ces héros chevaleresques; comme je lisais très peu, cela m'avait tout particulièrement frappé et je m'étais promis que, si le hasard m'amenait jamais au Japon, je viendrais rendre hommage à leur tombeau.

Précisément j'avais fait cette lecture par des journées de novembre belles et calmes comme celle d'aujourd'hui ; cette coïncidence d'une saison et d'un temps pareils rend plus complète l'association de mes petites idées d'autrefois, revenues, avec mes impressions d'aujourd'hui. C'est curieux même comme je m'étais bien représenté ce lieu — qui me semblait alors lointain, lointain, presque imaginaire ; j'avais prévu jusqu'à ces arbustes nains et ces camélias sauvages fleuris alentour.

« C'est ici que la tête a été lavée » — (la tête du méchant prince Kotsuké, coupée par les bons Samouraïs, avec les formes les plus polies, après toutes sortes d'excuses préalables ; puis lavée dans l'eau de cette fontaine, et apportée pieusement sur la tombe d'Akao, le prince martyr).

Aussi bien, je suis obligé de rappeler en quelques mots cette histoire, sans cela on ne me comprendrait pas.

15.

Vers 1630, le courtisan Kotsuké, après avoir insulté le prince Akao et refusé de lui rendre raison, réussit par la perfidie à obtenir de l'empereur un jugement inique le condamnant à mort, avec confiscation de tous ses biens.

Alors quarante-sept gentilshommes, vassaux fidèles et amis du supplicié, se jurèrent de venger l'honneur de leur maître, au prix de leur propre vie. Après avoir abandonné femmes et enfants, tout ce qu'ils avaient de cher au monde, ils poursuivirent la réalisation de leur difficile projet avec un entêtement sublime, guettant l'heure favorable, dans le mystère le plus profond — pendant près de vingt années ! — jusqu'à ce qu'enfin, une nuit d'hiver, ils vinrent surprendre et égorger, dans son palais, ce Kotsuké dont les longues méfiances s'étaient peu à peu endormies et qui ne s'entourait plus que d'un petit nombre de gardes.

La vengeance accomplie, la tête du perfide déposée sur le tombeau d'Akao, ils allèrent eux-mêmes se livrer aux juges. On les condamna à s'ouvrir le ventre ; ils s'y attendaient, et, après s'être embrassés, ils firent cela tous ensemble sur les marches d'une pagode, près du tombeau de leur cher seigneur.

Elle est ici, cette pagode, à quelques pas de la fontaine délicieuse : une vieille petite pagode d'un rouge sombre, en bois de cèdre vermoulu. On y arrive par une triste avenue où poussent des herbes. Sur ses marches, lavées par les pluies de près de trois cents hivers, on ne voit plus trace de tant de sang qui a coulé ; on a peine à se représenter la boucherie horrible, le râle de ces quarante-sept hommes, la nuque à moitié coupée, le ventre ouvert, les entrailles dehors, se tordant ensemble dans une grande mare rouge...

Ils eurent leur récompense après leur mort, ces fidèles, car un empereur suivant les déclara saints et martyrs, et fit mettre sur leur tombe certain feuillage d'or, emblème du suprême honneur. Le Japon tout entier les vénère encore aujourd'hui d'un culte enthousiaste ; leur nom est partout ; on l'apprend de bonne heure aux petits enfants et on le chante dans les grands poèmes.

Le joli sentier vert qui conduit à la fontaine se

prolonge au delà, monte un peu plus haut, par une pente très douce.

En poursuivant, on trouve d'abord la maisonnette du bonze préposé au soin des sépultures de ces héros et à l'entretien de leurs fleurs.

Je frappe à sa porte, et il m'apparaît, ce vieux. Il a une étrange figure de gardien de tombeaux, maigre, fine, ascétique et rusée à la fois ; il est grand et mince, ce qui au Japon est très rare. Un bonnet noir agrafé sous le menton — comme celui dont se coiffait jadis, dans notre Occident, le seigneur Méphistophélès — lui enveloppe la tête, les cheveux, les oreilles, ne laissant paraître que le masque encadré du visage ; et ce bonnet a même, de chaque côté du front, deux espèces de protubérances inquiétantes, qui semblent des étuis ménagés dans l'étoffe, pour mettre les cornes...

Il vend des livres où l'histoire des quarante-sept Samouraïs est racontée dans ses naïfs et sublimes détails, avec beaucoup d'images à l'appui. La maison est à moitié remplie par des paquets de ces baguettes d'encens dont il fait aussi commerce avec les pèlerins et que l'on brûle ici tous les jours depuis tantôt trois siècles.

Les sépultures auxquelles il me mène occupent, à mi-côte, une sorte d'esplanade carrée, d'où la vue plonge sur tout un pays boisé, tranquille, avec la mer à l'extrême lointain. L'esplanade est entourée d'une modeste barrière de planches et d'une bordure de grands arbres funéraires, droits et rigides, élancés en colonne de temple.

Sur les quatre faces de ce quadrilatère, les tombeaux sont alignés, environ douze par douze, regardant tous le milieu — qui est une petite place vide, couverte d'une herbe rase et comme saupoudrée de cendre d'encens. Quarante-sept pierres debout, semblables, restées brutes comme des menhirs de granit, portant chacune le nom du Samouraï qui dort en dessous, et marquées toutes du signe spécial : *Harakiri,* — lequel veut dire que ces hommes sont morts à la terrifiante manière des gens d'honneur, en s'ouvrant le ventre avec leur propre poignard.

A deux des angles du carré sinistre, s'élèvent

des pierres plus hautes : celle du prince d'Akao et celle de la princesse son épouse. Tout à côté du prince, sous une très petite tombe, on a enterré son enfant, — son *mousko-san*, comme l'appelle le vieux gardien à serre-tête noir. Et cette expression de *mousko-san* me fait sourire, malgré le recueillement du lieu, ce *mousko* qui signifie *tout petit garçon*, accouplé par excès de déférence à cette particule honorifique *san*. Comme si, chez nous, on disait avec gravité et conviction : « C'est ici, à côté du prince, que repose *monsieur son bébé*. » — Mais tout ce qui touche à cette histoire est pour les Japonais tellement saint et vénérable, qu'on n'en saurait parler avec des formes trop respectueuses.

Devant chacune de ces pierres, il y a de beaux bouquets, des fleurs toutes fraîches, évidemment cueillies ce matin même ; il y a aussi des petits tas de choses grisâtres, des restes de baguettes d'encens, dont le vent promène les cendres encore odorantes sur l'herbe triste d'alentour. Et c'est comme cela, sans relâche, depuis l'an 1702, et ce sera sans doute ainsi pendant bien des années encore, car le bouleversement moderne, qui, au Japon emporte tant de choses, semble n'avoir pas de prise sur le culte du peuple pour les morts.

La fille d'un des Samouraïs, qui était prêtresse, a obtenu d'être mise là elle aussi, à côté de son père, et cela fait, en dehors de l'alignement, une tombe de plus. Elle a du reste, ses fleurs comme les autres, cette *mousmé*, ses fleurs et son encens, sa part de souvenir et de vénération.

Une étonnante quantité de petites bandes de papier, blanches ou rouges, portant des noms écrits, sont collées sur les pierres tombales, ou jetées dans l'herbe à leurs pieds : ce sont les noms des pèlerins, qui journellement viennent, de tous les coins de l'empire, rendre hommage aux gentilshommes fidèles. Dans le nombre se trouvent même des vraies cartes de visite tout à fait modernes, gravées en caractères européens sur des « Bristol » mats ou glacés, — et ce serait presque drôle, cet usage de déposer sa carte à la porte des morts qui ne peuvent recevoir, — si ce n'était extrêmement touchant...

Le vieux gardien maigre, adossé, la tête renversée contre un des arbres de bordure, entreprend de me conter au long l'histoire des Samouraïs, en une langue dont la plupart des mots malheureusement m'échappent. Mais je l'écoute sans ennui, — tantôt le regardant avec l'idée obsédante d'ôter son bonnet pour voir s'il n'a pas de cornes en dessous, — tantôt promenant mes yeux sur le profond paysage calme, sur la colline parsemée de petites pagodes, de tombes, de buissons de camélias, sur toutes ces choses dont l'aspect n'a pas dû beaucoup changer depuis l'époque lointaine de l'*Harakiri*.

Les arbres dénudés de l'enclos, tout droits, tout raides, comme des rangées de cierges gigantesques, agitent leurs têtes là-haut, secoués par un petit vent d'automne qui souffle plus fort dans les régions élevées de l'air. Et les cigales chantent partout, au soleil encore chaud de novembre.

En vérité, ce lieu a une mélancolie bien particulière et bien grande. Et puis cette histoire est si belle, pour qui la sait en détail ; elle est si étonnante d'héroïsme, d'honneur exagéré, de fidélité surhumaine !

Elle est inexplicable comme une vieille énigme quand on connaît les Japonais mièvres et dégénérés d'aujourd'hui; elle évoque l'idée d'un grand passé noble et chevaleresque, — et jette même en ce moment pour moi une ombre de respect sur ce Japon moderne que j'ai tant raillé.

Je n'ai pas apporté de fleurs fraîches, moi, aux quarante-sept héros qui dorment ici. Au contraire, je dérobe un chrysanthème au bouquet posé sur la tombe de leur chef, et je l'emporte — jusqu'en France, — ce qui est d'ailleurs, sous une forme inverse, un égal hommage rendu à leur mémoire à tous.

YEDDO

A Émile Pouvillon.

Dimanche, 5 décembre.

Demain le départ pour la France : c'est-à-dire le trait final tiré au-dessous de toute espèce de Japonerie, et sans doute pour jamais.

J'ai décidé de passer cette journée d'adieu à Yeddo, et, par la *route de la mer Orientale*, j'y arrive de bon matin, traîné par deux coureurs.

D'abord Shinagawa, le long faubourg, où les boutiques s'ouvrent, où déjà les gens affairés circulent.

C'est aujourd'hui le premier dimanche de décembre, et aussi le premier jour de vrai froid. A ce beau soleil d'un matin d'hiver, tout ce Japon me fait une mine bien gelée, avec ses maisonnettes de papier, ses robes de coton bleu, ses jambes nues; à peine quelques messieurs élégants ont-ils endossé, par-dessus le costume national, des *ulsters* et des *macfarlanes* (restes des vieux stocks invendables de l'Amérique du Nord); la majorité de la population grelotte, dans des costumes de pays chaud. Au coin des rues, les coureurs, deminus et tatoués, qui stationnent près de leur petit char, ont jeté sur leurs épaules la couverture écarlate destinée à envelopper les jambes des clients et soufflent dans leurs doigts, en enflant le dos comme des singes frileux. Un grouillement bien triste et bien laid que celui d'Yeddo, l'hiver, au milieu de l'immense, de l'infini dédale des maisonnettes basses et grisâtres, éternellement pareilles.

Donc, c'est dimanche aujourd'hui — et on s'en aperçoit parfaitement : ils commencent à singer nos allures et notre ennui de ce jour-là, ces païens. C'est surtout la mauvaise manière qui leur a servi de modèle, à ce qu'il semble, car beaucoup de boutiques sont fermées et beaucoup de gens sont ivres.

Des familles, qui partent pour la promenade, ont vraiment un air endimanché dans leurs toilettes d'extrême Asie. Et puis c'est jour de repos et de sortie dans les casernes, et il y a par les rues des bandes de matelots à peu près habillés comme les nôtres, des bandes de soldats à pantalon rouge et à gants de fil blanc, avec des airs en goguette; petits, petits, tous, et jeunes : des enfants, dirait-on, à figure ronde et jaunâtre, presque sans yeux.

Les distances sont effroyables dans cette ville qui, si je ne me trompe, est plus étendue que Paris. Je vais donc relayer dans Shinagawa, prendre des coureurs frais; car je veux me faire conduire un peu partout — et d'abord aux grands temples de la Shiba, pour emporter dans mes yeux un peu de cette splendeur religieuse.

Une heure de course à toutes jambes, et enfin voici devant moi cette Shiba étonnante. Au milieu de la ville, c'est une sorte de bois sacré qui garde du recueillement et du mystère sous les cèdres noirs aimés des dieux.

La porte qui donne accès dans ce quartier des

temples est d'aspect sinistre, comme toujours : une entrée toute basse, resserrée entre des colonnes massives, et écrasée sous une toiture à la chinoise, gigantesque en largeur et en hauteur, qui monte, s'extravase, se retrousse aux angles, soutenue par une étonnante quantité de chevrons et de gargouilles; le tout peint en rouge sanglant.

Dans le bois sacré, s'ouvrent des allées de cèdres ou de bambous bordées de deux rangs de lampadaires en granit; avec une étrangeté différente, elles ont quelque chose de l'imposante grandeur de ces avenues égytiennes que bordaient des stèles et des sphinx. Et les toitures dorées des temples apparaissent çà et là parmi les branches.

A part qu'on est ici en plaine et qu'on ne sent pas autour de soi « l'horreur » des grandes forêts, cette Shiba rappelle un peu la Sainte Montagne que j'ai décrite dans un précédent article.

Ces temples datent du XIIe et du XIIIe siècle; ils sont d'une grande magnificence : des portes aux énormes battants de laque et de bronze; des alignements de girandoles dorées suspendues aux voûtes; des séries d'enceintes où les murailles, même extérieures, sont en laque d'or fouillée à jour, avec des fleurs fantastiques, des oiseaux, des chimères... En vérité, je comprends l'enthousiasme des visiteurs, en très grand nombre, qui sont venus ici et n'ont pu aller jusqu'à la « Sainte Montagne », voir les sanctuaires incomparablement plus merveilleux, cachés là-bas, dans les régions sauvages du centre.

Mais ils sont bien vieux, ces pauvres temples de la Shiba, et bien fanés; ils s'en vont; on y sent la tranquillité et la tristesse d'un abandon sans retour ; des nuées de corbeaux et de gerfauts y tournoient en criant au-dessus de ces cours splendides où tant de monstres d'or dardent du haut des murs leurs yeux louches.

Du reste, ces dernières années, à la suite de je ne sais quelle révolution favorable à la religion de Shinto, le gouvernement japonais voulait les faire démolir et il a fallu l'intervention des ambassades européennes pour les sauver. Et puis les touristes y viennent beaucoup trop, hélas! cassant des petits morceaux, comme ils font partout, pour emporter des souvenirs. Toutes les fines sculptures sont écornées; tout est sali par la poussière et les nids d'oiseaux; tout est vide, maintenant, toujours vide, sans fidèles, sans culte et sans fleurs...

J'irai déjeuner ce matin dans certain restaurant qui n'est qu'à trois quarts d'heure, en petit char, de la Shiba; mais qui, en réalité, en est distant de bien des centaines de lieues et des centaines d'années. C'est un établissement de haute élégance et d'un genre nouveau à Yeddo; on y mange à peu près à l'européenne sur des tables et avec des fourchettes; on y est en plein Japon moderne, — autant dire en un Japon piteusement grotesque. Cette excessive petitesse dans les proportions, qui est supportable pour les intérieurs tout à fait japonais, devient ridicule lorsque la maison affecte des allures occidentales. Ici, la salle des repas, lilliputienne et toute basse, donne sur le plus maniéré et le plus impayable des jardinets, par de vraies petites fenêtres à carreaux de vitre et à discrets de mousseline, remplaçant les anciens transparents de papier mince. La table et le couvert rappellent, à part leur minutieuse propreté, les restaurants de troisième ordre dans nos villes de province. Sur la nappe très blanche, sont posées comme ornement des bouteilles de liqueur à étiquettes américaines, des gerbes de chrysanthèmes, et des corbeilles en verre remplies de *kakis* (ces fruits d'automne qui ressemblent à de gros œufs en or).

Il a vraiment un air honnête et familial, cet établissement tenu par un vieux monsieur Nippon, sa *dame* d'un certain âge, et les trois aimables *mousmés* ses demoiselles. Mais il ne faudrait pas s'y laisser prendre : ici, comme partout, les personnes sont à vendre, aussi bien que les choses. C'est même un lieu qui s'est fait une spécialité dans la capitale pour certains rendez-vous clandestins : lorsqu'un jeune dandy s'éprend follement de quelque *guécha* (une de ces musiciennes et ballerines formées au conservatoire, qui par raffinement de métier ne se donnent généralement jamais) — eh bien ! ce jeune dandy s'adresse à la vieille dame d'ici, qui d'abord fait sa renchérie, son estomaquée, puis consent enfin à aller amadouer la jolie danseuse et la décide à venir souper chez elle, avec le plus grand mystère par exemple, dans l'un de ces cabinets particuliers, grands comme la main et à parois de papier blanc, qu'elle tient en réserve pour ces cas délicats...

Je passerai cette dernière après-midi à la Saksa, lieu de pèlerinage et d'adoration, de foire et d'amusement, où il y a foule tous les jours, et le dimanche surtout. — Mais c'est à l'autre bout d'Yeddo ; il va falloir perdre, en petit char, au moins deux heures.

Des rues et des rues ; des ponts et des ponts, sur une quantité de canaux qui se croisent et se recroisent ; tout cela mesquin, grisâtre, uniforme.

La ville occupe une sorte de vaste plaine ondulée ; ses quelques collines, trop petites pour y faire un bon effet quelconque, sont juste suffisantes pour y mettre du désordre ; elle est parsemée d'espaces vides, de terrains vagues pleins de poussière ou de boue ; elle est coupée d'enceintes fortifiées, de longs remparts en pierre grise coupés de fossés où poussent des lotus. Tout cela lui donne une étendue démesurée. Sans compter le palais du Mikado qui y occupe tant de place, avec ses jardins impénétrables, ses bois d'arbres séculaires, le tout entouré d'épaisses murailles, comme une forteresse.

Les principales voies sont droites, assez larges. Maisonnettes à simple rez-de-chaussée, rarement à un étage, et presque toujours en bois, en vieux bois noirâtre. Les boutiques ont conservé la forme ancienne : c'est toujours le simple petit hangar ouvert, sans devanture ni vitrine, où les marchands sont assis sur des nattes parmi leurs bibelots ; on y vend naturellement toutes sortes de japoneries, des bronzes, des laques, des magots, des potiches, et à la fin, à force d'en voir de telles quantités tout le long des rues, un dégoût vous prend de ces innombrables choses, de ces mièvreries d'art, de ces cigognes, de ces grimaces. Tous les magasins un peu huppés sont encadrés extérieurement (comme chez nous les maisons où il y a quelqu'un de mort) de tentures en drap noir bordées de blanc et ornées de grandes lettres blanches. Évidemment cette ornementation ne paraît pas triste aux Japonais, parce qu'elle n'a pas chez eux le sens que nous sommes habitués à y attacher, mais, pour nos yeux à nous, l'effet n'en n'est pas moins funéraire : dans les rues très commerçantes, on dirait un deuil général.

Durant cette promenade finale, je m'arrête encore çà et là pour marchander quelques derniers bibelots, et jamais je ne m'étais senti agacé à ce point par ces tentatives de volerie inintelligente, par ces prix ridicules qu'on vous fait d'un air sournois, en regardant de coin si vous serez assez naïf pour vous laisser prendre ; — agacé par ces sourires, ces saluts à quatre pattes, cette politesse fausse et excessive. Comme je comprends de plus en plus cette horreur du Japonais chez les Européens qui les ont longtemps pratiqués en plein Japon !... Et puis la laideur de ce peuple m'exaspère ; ses petits yeux surtout, ses petits yeux louches, bien rapprochés, bien dans le coin du

nez, pour ne pas troubler les deux solitudes
flasques de joues...

Mes coureurs commencent à tirer la langue.
Nous voici dans certaine grande rue où passent
des tramways sur rails, et où sont établis les prin-
cipaux marchands d'étoffes, de soieries magnifiques. Toujours les mêmes maisonnettes basses,
les mêmes vieilles maisonnettes de bois. A un coin
là-bas, il y a ce grand magasin qui est comme
leur « Louvre » ou leur « Bon Marché ». Sur toute
sa longueur, il est garni lui aussi de tentures en
drap noir avec ornements blancs qu'on dirait
posés par la compagnie des pompes funèbres en
vue d'un enterrement de première classe. Sans
doute, aujourd'hui, c'est la *grande mise en vente
des articles d'hiver*, car les dames à beau chignon
affluent, bourdonnent comme autour d'une
ruche; leurs petits chars et leurs coureurs en-
combrent la voie. Aucune d'elles, Dieu merci,
n'a encore eu l'idée d'altérer son costume national, et il y en a dans le nombre de très gentilles,
de très amusantes à regarder. On leur distribue
à la sortie des écrans réclames, papier de riz tendu

sur bambou, où sont représentés, en invraisemblable perspective, le magasin lui-même, ses ornements de catafalque et la foule de ses belles clientes.

Mes coureurs n'en peuvent plus. Alors, pour m'amuser, je vais monter en tramway; ce sera la première fois de ma vie; — coup de timbre, coup de sifflet, — et nous partons. Mais, à peine suis-je assis, que la laideur de mes voisins m'épouvante.

Nulle part la différence d'aspect n'est tranchée autant qu'au Japon, entre les gens du grand air et ceux du travail enfermé des villes. Au moins les paysans ont la vigueur, les belles formes dans leur petite taille, les dents blanches, les yeux vifs. Mais ces citadins d'Yeddo, ces boutiquiers, ces écrivains à l'encre de Chine, ces artisans étiolés de père en fils par la production de ces petites merveilles de patience qu'on admire chez nous, quelle misère physique! Ils portent encore la robe nationale et les socques à patins, mais plus le chignon d'autrefois; quelques vieillards seuls l'ont conservé; les jeunes, ne sachant quel parti prendre pour leurs cheveux, ni longs ni courts, les laissent pendre, en mèches collées, sur leurs nuques pâles, et posent par-dessus des melons anglais.

Tous exténués, blêmes, abrutis, mes compagnons de tramway; lèvres ballantes; myopes pour la plupart, portant des lunettes rondes sur leurs petits yeux en trous de vrille percés de travers, et sentant l'huile de camélia rancie, la bête fauve, la race jaune. Et pas une *mousmé* mignonne ou drôle pour reposer ma vue... Comme je regrette, mon Dieu, de m'être fourvoyé dans cette voiture du peuple!

— *La Saksa!* Heureusement c'est fini, nous arrivons.

La Saksa, c'est-à-dire une haute et immense pagode, d'un rouge sombre, et une tour à cinq étages de même couleur, dominant un préau d'arbres centenaires tout rempli de boutiques et de monde. C'est un coin de vieux Japon ici, et un des meilleurs; il y a du reste, aujourd'hui même, un *matsouri* (c'est-à-dire une fête et un pèlerinage); — je m'en doutais : à la Saksa, c'est presque un matsouri perpétuel. Et des légions de *mousmés* sont là en belle toilette, des *mousmés* comiques et des *mousmés* jolies; dans tous ces beaux chignons, si bien lissés, qu'elles savent se faire, sont piquées des fleurettes fantastiques ne ressemblant à aucune fleur réelle; et, au bas de tous ces petits dos frêles et gracieux, déviés en avant par l'abus héréditaire de la révérence, des ceintures de couleurs très cherchées font de larges coques en forme d'ailes, — comme si des papillons énormes étaient venus là se poser.

Naturellement, il y a aussi de ces adorables troupes de bébés en grande tenue, qui abondent toujours au milieu des foules japonaises; des bébés graves dans de longues robes, se tenant par la main, s'avançant avec dignité en roulant leurs yeux retroussés de petits chats; et puis coiffés d'une manière indescriptible, qui fait sourire même longtemps après, quand on retrouve en souvenir leurs minois...

J'irai tout à l'heure, comme tout le monde, dans la pagode saluer les dieux; mais je veux d'abord m'amuser moi aussi aux boutiques du préau, remplies de choses ingénieuses et drolatiques, de jouets étranges, de bibelots à surprise recélant toujours, au fond, une grimace, une diablerie, — ou même une obscénité, imprévue et terrifiante...

Je m'arrête, avec des bébés nombreux, devant un vieillard à chignon tout blanc qui est accroupi au pied d'un arbre ; dans ses bras nus, décharnés et jaunes comme des bras de momie, il tient une caisse remplie d'images à deux pour un sou, et tous les bébés regardent, l'air captivé, recueilli. Il y a surtout un amour de petite *mousmé* de six à huit ans, déjà peignée en grand chignon à épingles comme une dame, qui se courbe pour mieux voir, les mains derrière le dos sur sa belle ceinture, et les yeux tout pensifs. Alors je me baisse moi aussi, curieux de ce qui peut les intéresser à un tel point, tous ces innocents. — Oh ! les pauvres petits ! — Ce sont des danses de morts, sur papier de riz, plus épouvantables que celle d'Holbein ; des squelettes qui jouent de la guitare, d'autres qui gambadent, s'éventent, folâtrent, lèvent les jambes avec des airs très évaporés... Je crois bien qu'elle avait de quoi être pensive, cette *mousmé* mignonne !... Moi, à son âge, ça m'aurait fait une peur affreuse.

De toute cette foule s'élève un bruissement de rires et de voix légères, beaucoup plus discret, plus poli, plus comme il faut que le brouhaha de nos foules françaises.

Le ciel au-dessus de nos têtes est bien un ciel d'hiver, d'un bleu pâli et froid. Les arbres de ce préau, qui sont très âgés et immenses, étendent dans l'air leurs longs bras dépouillés, avec un peu les mêmes gestes que les squelettes dans les images de ce vieux. Au milieu de leurs branches, la tour à cinq étages se lève, svelte et étrange, dessinant sur la lumière froide d'en haut les cornes de ses cinq toitures superposées, tout le découpage de sa silhouette rougeâtre, d'une japonerie excessive. Et enfin le grand temple, hérissé d'autres cornes, et inégalement rouge, d'une couleur de sang qui aurait séché, occupe tout le fond du tableau, avec sa masse carrée, écrasante.

C'est un des lieux d'adoration les plus antiques et les plus célèbres d'Yeddo, cette Saska. La partie du sanctuaire qui est ouverte aux fidèles et où j'entre avec la foule, semble une sorte de halle, haute et sombre, peinte en rouge sanglant comme l'extérieur; les portes en sont relativement basses pour laisser, suivant l'usage, de l'obscurité et du vague à la voûte élevée, d'où pendent d'énormes girandoles de métal et où de vieilles diableries s'esquissent dans l'ombre. Très peu de recueillement sous cette colonnade de cèdres, où les groupes circulent et causent, éclairés par des reflets d'une lumière d'hiver rasant le sol. Il serait même nécessaire « de chasser les vendeurs » de ce temple, car il y a contre tous les piliers des changeurs d'argent, des marchands d'images, de livres religieux ou de fleurs. Des bébés vont et viennent, courent, s'appellent, avec des petites voix plus sonores ici et plus bruyantes. Des pigeons volent en tous sens, pour se percher sur les lanternes, sur les hampes des bannières, mêlant au murmure des conversations le bruit ronflant de leurs ailes : il y a aussi le son des pièces de monnaie, des offrandes continuellement lancées, et tombant dans des troncs carrés à clairevoie semblables à de grandes cages; et puis, de côté et d'autre, devant des autels privilégiés, devant certaines images, certains symboles, on entend de ces rapides claquements de mains, pan pan, qu'on fait pendant la prière pour appeler l'attention des Esprits.

Dans un gigantesque brûle-parfums de bronze, sur le couvercle duquel ricane un monstre gros comme un gros chien, tous les fidèles qui passent jettent des baguettes d'encens, et il en sort en spirale une fumée odorante qui s'en va flotter aux voûtes, parmi l'enchevêtrement des chimères et des girandoles, comme un nuage.

Au fond du temple, dans un recul plein de mystère, à la lueur de hauts lampadaires magnifiques, dans une demi-obscurité voulue, derrière des colonnes et des barrières ajourées, à travers un fouillis de lanternes, de bannières, de brûle-parfums et de gerbes de lotus en bronze, on aperçoit confusément les dieux, qui sont des colosses au sourire assez calme, se détachant sur des fonds en laque d'or.

Il y a toutes sortes de choses extraordinaires

et vénérables dans ce lieu ouvert où, depuis des siècles, tant de générations japonaises sont venues prier et apporter des dons. Il y a d'effrayants tableaux, accrochés partout, jusqu'au plafond, où on ne les voit plus; il y a des bannières couvertes de broderies, suspendues comme des ex-voto; il y a des images et des statues possédant des vertus tout à fait miraculeuses.

Dans une niche se tient un bouddha, fameux dans le Japon tout entier comme guérisseur de maux incurables. Il suffit de toucher la partie de ce personnage en bois correspondant à celle que l'on veut guérir, puis de poser aussitôt la même main sur son propre mal, — et cela passe, paraît-il. On l'a tant touché, depuis deux ou trois cents ans; tant de mains, aujourd'hui tombées en poussière, l'ont caressé chaque jour, qu'il n'est plus qu'un bloc informe et luisant, sans nez, sans doigts, toutes les saillies usées, conservant à peine l'aspect humain. — Une pauvre femme, émaciée et blême, vient là devant moi, lui caresse la poitrine, puis passe la main dans sa propre robe pour toucher je ne sais quoi d'horrible, en disant une prière. Elle voit que je la regarde et craint sans doute que je ne me moque d'elle, car elle m'adresse une espèce de sourire angoissé, comme pour me dire : « Je n'y crois guère, moi non plus ; mais, vois-tu, je suis si malade... que j'essaye de tout. »

Voici maintenant une famille nipponne, en oraisons dans un coin, et sans doute pour quelque chose de grave, à en juger par son air exceptionnel de recueillement. Ils se sont serrés les uns contre les autres, comme pour ne faire monter ensemble vers les dieux qu'une seule et même voix : un vieux et une vieille — les grands-parents, cela se devine ; — puis des hommes et des femmes plus jeunes ; une *mousmé* très gentille, et enfin deux bébés, à genoux aussi, et claquant de leurs petites mains de temps à autre comme les grandes personnes. — Jamais je n'avais vu prier avec tant de ferveur, dans ce pays de rire et de frivolité.

Et tandis que je songe à l'éternel chaos des croyances humaines, le regard aux voûtes, parcourant au hasard les chimères, les images et les symboles qui sont là-haut, mes yeux s'arrêtent sur une pâle et diaphane déesse de la lune, qui sourit comme une morte, peinte en couleurs glacées sur un fond de nuages; deux pigeons blancs sont perchés sur le haut de son cadre et ont l'air de se baisser pour la contempler aussi...

Eh bien! malgré cette foule, malgré ces portes ouvertes et ce bourdonnement de causeries inattentives, on éprouve à la longue dans cette grande halle sombre une impression religieuse; elle est donnée par cet aperçu que l'on a sur la partie profonde du temple et sur les grandes idoles d'or assises dans l'obscurité; puis par ces battements de mains lancés comme appel aux êtres invisibles; par cette vapeur d'encens qui plane; même par ce bruit continuel de pièces de monnaie jetées en offrande aux dieux et tombant une à une comme une pluie lente qui s'égoutte...

J'irai finir ma journée à l'*Uyeno*, qui est comme le bois de Boulogne ou les Champs-Élysées du Japon. C'est à une heure et demie de la Saksa, pour le moins, et je lance au galop mes coureurs;

la nuit tombera certainement quand nous arriverons.

L'*Uyeno*. — Un très grand parc; des avenues larges, bien sablées, que bordent de vieux arbres magnifiques ou des touffes de bambous.

Je m'arrête d'abord sur une hauteur, en un point d'où l'on domine le lac des Lotus — qui reflète ce soir, comme un miroir légèrement terni, tout l'or du couchant. Yeddo est derrière ses eaux tranquilles ; Yeddo est au delà, à demi perdu dans le brouillard roux des soirs d'automne : une myriade, un infini de petits toits grisâtres tous pareils ; — les derniers, presque effacés à l'horizon trouble, donnant bien l'impression que ce n'est pas tout, qu'il y en a encore et encore, dans les lointains qu'on ne peut voir. En regardant bien, au milieu de l'uniformité des maisonnettes basses, on distingue quelques toits un peu grands, retroussés aux angles : les pagodes. Si elles n'étaient pas là, on imaginerait n'importe quelle immense ville aussi bien que la capitale du Japon. En vérité, il faut l'éloignement et les éclairages singuliers pour faire d'Yeddo quelque chose qui charme ; — en ce moment, par exemple, j'avoue que c'est exquis à regarder.

Cela se dessine confusément dans des teintes rares; cela a l'air de ne pas exister, d'être un mirage. Il semble que de longues bandes d'ouates rosées se déroulent lentement sur la terre, noyant cette ville chimérique dans leurs replis, dans leurs ondulations molles. On ne saisit plus la limite entre ce lac et la rive là-bas sur laquelle ces myriades de choses lointaines sont bâties. On doute même si c'est réellement un lac, ou bien une plaine très unie reflétant la lueur diffuse du ciel, — ou simplement une vapeur étendue ; cependant quelques traînées roses, qui luisent, indiquent encore à peu près que c'est de l'eau, et les bancs de lotus font çà et là des taches noirâtres sur cette surface réfléchissante.

Les ouates rosées, parties d'abord de l'extrême horizon, gagnent peu à peu les premiers plans, s'épaississent dans des nuances de plus en plus obscures; la lumière baisse partout; rien n'a plus l'air réel nulle part.

Et au-dessus de ces longues bandes horizontales, au-dessus de ces grandes lignes planes aussi monotones que celles des paysages marins, apparaît, à d'inappréciables distances, comme suspendu dans le brun roux du ciel, le grand cône régulier, solitaire, unique, du volcan Fusiyama, tout rose de neige, tout éblouissant encore au milieu des autres choses terrestres qui s'éteignent...

Autour de moi, sur la hauteur d'où je regarde Yeddo s'assombrir, il y a des cèdres dont les branches s'abaissent et dessinent, sur ces profondeurs de lumière mourante, de fines arabesques noires. — Des Japonais qui peindraient cette vue de leur ville ne manqueraient pas de les y mettre, en haut du tableau, retombant sur le ciel, ces branches du premier plan, appartenant à des arbres trop rapprochés qui sont hors du cadre et qu'on ne voit pas.

Je ne suis pas arrivé d'assez bonne heure à cet *Uyeno*. Le parc est déjà vide et se fait triste, à cause du froid brumeux qui vient, et surtout à cause de l'obscurité. Quelques promeneurs attardés, de nationalité ambiguë (Japonais dans le train, en costumes disparates avec des chapeaux melon) se dirigent vers les petits restaurants modernes dont cet *Uyeno* est émaillé : maisons-de-thé européanisées, d'un aspect bien quelconque, avec des fenêtres à vitres et des berceaux de glycines arrangés en guinguettes de barrière.

Je suis maintenant en face d'un grand bâtiment tout neuf, destiné aux Expositions ; une espèce de « Palais de l'Industrie », qui est d'un bien bel effet. A part un pauvre vieux bouddha de granit, colosse d'une dizaine de pieds qui sourit narquoisement du haut d'un tertre, tout est bien banal dans cet *Uyeno* ; c'est le lieu de promenade et de plaisir d'une très grande capitale, et rien de plus.

Une seule chose y est demeurée saisissante et étrange : c'est, sous une futaie de cèdres, haute, serrée et noire, le tombeau du dernier des Shogouns. La nuit commence pour tout de bon quand je pénètre dans ce bois sacré ; la nuit d'hiver, grise, humide, glacée. Le tombeau, — c'est-à-dire un grand temple d'un rouge sombre, avec des cornes partout, — m'apparaît confusément à l'extrémité d'une allée funèbre bordée de lampadaires en granit, qui s'ouvre toute droite devant moi dans la colonnade gigantesque des arbres. Des corbeaux qui habitent ce bois s'agitent au-dessus de ma tête, cherchant avec des cris leur gîte nocturne. Ici, plus même de promeneurs attardés, plus personne ; plus de drôlerie, plus de ridicule, plus de sourire ; du recueillement et du mystère.

A mi-chemin du tombeau, je m'arrête dans l'avenue, à cause de l'obscurité qui gagne toujours. Il y a là près de moi, dans le bois même, dans le noir des arbres, une tour à cinq étages, débris à l'abandon, ruine du grand passé religieux. Au premier moment je ne l'avais pas vue, et son aspect me frappe tout à coup d'une manière singulière. J'en ai cependant déjà rencontré souvent au Japon, de ces tours qui sont la superposition de plusieurs petites pagodes semblables avec toits retroussés et gargouilles, — et dont nous avons en France des modèles en miniature sur le dos de ces éléphants de bronze destinés à brûler des parfums. Mais celle-ci, dans la pâle pénombre crépusculaire, me paraît plus élevée et plus svelte; elle semble avoir participé à ce même mouvement d'élancement qui a fait monter si droit vers le ciel les colonnes des cèdres voisins; ces choses sont tout en hauteur, et s'en vont chercher avec leur cime le peu qui reste en l'air de lumière triste presque éteinte. La tour est d'un rouge sombre, les cèdres sont d'un vert noirâtre, et à leurs pieds, par contraste avec ces nuances si foncées, la terre nue prend un ton gris presque blanc. L'ensemble est horriblement lugubre, — lugubre au delà de ce que les mots peuvent dire... Et voici maintenant que la population entière des corbeaux est réveillée par ma présence; ceux qui dormaient déjà, en rangs serrés, sur les hautes branches sont descendus pour prendre part aux débats et aux cris; c'est tout à coup un crescendo de voix perçantes qui m'assourdit, me glace, autant que ce brouillard de décembre de plus en plus épaissi autour de moi; m'épouvante presque. Crôa! crôa! crôa! Ils tourbillonnent en nuée, obscurcissant tout quand ils passent au-dessus de moi, comme un immense écran de plumes balayant l'air, — puis finalement tombent, d'un seul et même abattement d'ailes, sur le sol gris qu'ils recouvrent d'un grouillement tout noir.

Dans les lointains de ce bois, emplis à présent de brume obscure, on distingue toujours, en séries confuses et indéfiniment prolongées, les troncs des arbres ressemblant de plus en plus à des colonnes géantes. Mais ce que je continue surtout de voir, ce que je regarde malgré moi presque uniquement, et ce qui est l'étrange caractéristique du lieu, c'est cette tour solitaire. Ses pointes étagées, les retroussements cornus de ses cinq toitures, tout son style d'un autre monde, me donnent une de ces impressions intenses de dépaysement et d'inconnu, qui, de temps à autre, malgré l'habitude des voyages, me reviennent encore avec un frisson, dans les endroits isolés, à la tombée des nuits...

Je me décide à dîner dans un de ces petis restaurants à parties fines où j'ai vu entrer tout à l'heure quelques-uns de ces élégants messieurs coiffés de chapeaux si jolis.

Un froid de loup et une tristesse mortelle, dans cette salle badigeonnée en faux bois où il n'y a pas de feu et où les portes sont ouvertes comme en été. A différentes petites tables, deux ou trois couples en bonne fortune mangent comme moi, à l'aide de fourchettes, en se regardant du coin de l'œil avec l'intention visible de « s'épater » les uns les autres. Les dames sont encore en costume ancien, tournures et chignons comme on en voit sur les potiches; mais les cavaliers payants ont des complets gris d'un galbe adorable, qui leur font de ces longs dos étroits comme en ont les singes en lévite. Le dîner est du reste atroce, pas même chaud; des quinquets à pétrole l'éclairent faiblement; un silence complet règne dans la maison — et aussi alentour, dans le grand parc vide et noir où commence une nuit de gelée. Il y a pourtant une cigale, en enfance sénile probablement, qui chante encore on ne sait où. Et deux messieurs japonais, épris des choses champêtres, se sont fait servir dehors, aux lanternes, sous la tonnelle de glycine effeuillée et mourante. J'ai déjà dit, je crois, qu'en ce pays on refusait de prendre l'hiver au sérieux.

Huit heures. Je suis redescendu de l'*Uyeno*, où les quelques reverbères espacés le long des avenues principales ont peine à percer la nuit des grands arbres.

Je suis en bas, à la station des petits chars et des coureurs, très indécis sur ce que je vais devenir. Que faire ? Retourner tout droit à la gare, prendre le train de neuf heures, rentrer sagement à Yokohama et, par un sampan de louage, rejoindre en rade mon navire... Mon Dieu, j'ai bien encore le train de minuit, puisque nous ne devons lever l'ancre qu'au petit jour ; — le train de minuit... qui me donnerait le temps... de me promener un peu...

Les coureurs font cercle, m'enserrent de plus en plus, très intéressés par l'air de circonstance que j'ai sans doute pris, flairant déjà probablement où vont me conduire mes irrésolutions de promeneur attardé et solitaire...

Brusquement décidé, je leur jette ces mots mystérieux : « Au grand Yoshivara ! »

Au grand Yoshivara ! — Ils l'avaient prévu, les misérables ! Et répètent après moi triomphalement, avec des rires approbateurs : « Au grand Yoshivara ! » En un tour de main, je suis enlevé par les plus proches, assis sur un char, enveloppé d'une couverture écarlate, et parti ventre à terre, dans la nuit glacée...

... Je supplie que personne ne s'indigne. — D'abord j'ai les intentions les plus pures ; je ne serai là-bas qu'un simple visiteur. Et puis le Yoshivara est, au Japon, une des plus respectables institutions sociales. A l'encontre de ce qui se passe chez nous, où les Yoshivaras ont des airs clandestins, se cachent vers les fortifications des villes et sont de vilains quartiers noirs, — ici, à Yeddo, c'est au Yoshivara que l'on trouve les plus belles maisons, les plus belles rues larges et ouvertes, le plus grand luxe de façades, d'étalages et de lumières ; c'est un lieu de promenade et d'apparat, fréquenté même par les familles ; c'est un spectacle, non seulement pompeux et splendide, mais même chaste au possible, presque hiératique, presque religieux.

Par exemple c'est très loin. Une heure et demie de course accélérée, et j'aurai bien froid.

Des petites rues, des lanternes, des boutiques ; tout cela innombrable et infini. Puis une longue banlieue sombre et sinistre. Puis enfin la campagne, la rase campagne toute noire ; de chaque côté du chemin, des rizières, que l'on devine à leurs mille petites flaques d'eau reflétant çà et là quelque étoile renversée. Le haut du ciel est pur, d'un noir-bleu semé de points brillants ; mais dans les champs, autour de moi, il fait une nuit épaisse, embrouillée par une brume d'hiver.

Ce Yoshivara forme une ville à lui seul, une vraie ville séparée, moins grande assurément, mais beaucoup plus luxueuse que Yeddo lui-même. Nous voyons maintenant devant nous étinceler ses mille lumières ; deux tours, deux phares comme ceux qu'on allume au bord des mers, la surmontent, promenant leurs feux dans la plaine pour appeler de loin les visiteurs.

Nous arrivons. Des rues étonnamment larges et droites s'ouvrent devant nous, imposantes, solennelles. Des rangs de becs de gaz éclairent les façades et, au milieu de la chaussée, s'alignent d'autres becs portés par de grandes lampes comme celles de nos promenades. A Yeddo, rien de pareil, c'est un contraste absolu et tout en faveur de ce faubourg étrange.

D'abord, ce ne sont que de grandes maisons d'un aspect quelconque, ouvertes et masquées par des stores; il s'en échappe, de partout, des bruits discordants, des lambeaux de musique; des roulements de guitares que l'on met au diapason; on dirait, dans quelque coulisse, les préparatifs d'un immense concert : ce quartier d'entrée est celui des *guéchas* (musiciennes et ballerines patentées) que l'on loue à grands frais pour les incroyables fêtes qui se donnent, chaque soir, à quelques pas plus loin, dans des rues encore plus belles.

Je mets pied à terre, car nous voici à certain grand carrefour magnifique au-dessus duquel, de droite et de gauche, s'élèvent, brillent au loin, les deux phares indicateurs. Une rue éclairée *à giorno*, étincelante de lumières et remplie de monde, coupe à angle droit celle par où nous sommes venus ; les maisons qui la bordent sont hautes et régulières, à trois ou quatre étages (chose toute à fait inconnue à Yeddo) ; elles sont surchargées de balcons, de galeries, d'ornements de toute sorte ; plusieurs cordons de gaz superposés, alternant avec des rangs de lanternes rouges, courent le long des façades ; on dirait une illumination de grande fête et, pour surcroît d'éclairage, au beau milieu de la rue, d'autres lampes à gaz, montées sur des colonnes, se suivent en lignes serrées.

Ce sont les rez-de-chaussée surtout qui jettent au dehors les plus vives traînées de lueurs, — comme chez nous, les étalages des magasins élégants.

Étalages en effet, mais bien étranges !... Ils sont grillés de barreaux légers, comme si, tout le long des maisons, s'ouvraient d'interminables ménageries ; mais de barreaux dorés, très fins, qu'on ne mettrait point à des bêtes féroces, — à des oiseaux tout au plus...

Est-ce un immense et immobile musée de cire? Une collection de poupées merveilleuses?? Une exposition générales d'idoles???... Des femmes sont là, dans ces devantures, sur des estrades, derrière ces minces grillages, en pleine lumière sous des réflecteurs; d'un bout de rue à l'autre, elles sont alignées par centaines, avec une correctitude de régiment prussien, toutes dans une pose identique. Leurs costumes de soie sont des plus fraîches couleurs, roses, bleus, verts, rouges, chamarrés d'argent et d'or, brodés délicieusement de papillons, de monstres, de dragons, de feuillages. Elles ont des coiffures larges, piquées de grandes épingles; elles sont assises sur des tapis écarlate, et elles se détachent, pour plus de pompe, sur des écrans très rapprochés, qui ne laissent rien voir de l'habitation intérieure, et qui sont en laque d'or, peints et ouvragés avec autant d'art que les panneaux des temples.

Et la foule, qui passe et repasse, admire ces femmes éblouissantes, qui ne bougent jamais, dont les yeux las et presque morts restent pudiquement baissés. En avant des maisons, sur toute la longueur des rues, il y a, comme dans nos salons de peinture, des balustrades solides sur lesquelles les gens s'accoudent pendant leurs contemplations.

Elles sont légion, ces belles immobiles, on voit fuir, en interminables perspectives, sur ces fonds d'écarlate et d'or, leurs rangées de chignons noirs, de visages peints, de toilettes féeriques. Elles sont, comme les poupées, bien blanches avec un rond rose au milieu de chaque joue et, quelquefois, au bord des lèvres, un peu d'or. Devant chacune d'elles est posée une boîte semblable, en laque rouge à fleurs d'or ; et les boîtes aussi sont alignées, comme les femmes, avec le plus grand soin, jusque dans les lointains de la rue. Et le seul mouvement qui soit permis aux belles automates, est de prendre, de temps à autre, dans cette boîte de laque, leur petite pipe ; ou bien leur petit miroir, leur houppe à poudrer, — et de retoucher un peu leurs joues, là, devant le public, sous le feu des réflecteurs.

De loin en loin, la monotonie des robes éclatantes est rompue par une robe de laine, terne et sombre ; celle qui la porte, assise comme les autres, entre sa boîte et son écran dorés, a un air honteux d'être vue, — et c'est une femme du monde que son mari a condamnée, pour quelque manquement grave, à venir passer un certain temps au Yoshivara et à se soumettre aux exigences que ce séjour entraîne.

Aucun signe ne s'échange, aucun sourire, entre les spectateurs et les exposées. Parfois, il est vrai, un monsieur entre par une porte sournoise; peu après, un des beaux écrans dorés s'écarte derrière une des dames de l'étalage, qui disparaît, à l'appel intérieur d'une dame plus âgée, et qu'une autre aussitôt remplace... Mais c'est tout ce qu'un esprit malveillant pourrait relever d'équivoque dans cette exposition chaste et charmante...

C'est au Yoshivara, et là seulement hélas, que le Japon conserve encore ses beaux costumes brodés, son luxe original du vieux temps.

Bien des Parisiennes — que tout ceci scandalisera beaucoup, je n'en doute pas, — possèdent, et admirent, et ne craignent pas d'endosser quelquefois ces jolies robes japonaises, si ingénieusement nuancées, qui leur sont venues de là-bas à peine défraîchies, mais déjà portées un tant soit peu (ce qui se devine à je ne sais quelle atténuation dans les teintes, à je ne sais quelle senteur féminine élégante gardée par la soie). Eh bien, je regrette de le leur dire, mais ces robes sont des défroques des dames du Yoshivara, ou bien de ces jeunes messieurs encore moins intéressants qui, au théâtre, jouent en travesti les rôles de grandes coquettes.

A part les dames de la cour, dont les robes sont d'un genre spécial inconnu en France, toutes les Japonaises sont à présent en robes unies et sombres, marron, bleu marine ou gris neutre...

J'ai juste le temps de faire une fois le tour de la rue principale, d'admirer dans leur ensemble les jolies poupées muettes et leurs écrans d'or. Et puis, après ce dernier coup d'œil jeté à un spectacle magique, vite je reprends mon petit char, et je me sauve, à travers dix kilomètres de banlieue déserte et noire, pour ne pas manquer ce train de minuit, qui m'emmènera du Japon pour toujours...

L'IMPÉRATRICE PRINTEMPS

A Lady Margaret Brooke,
Rânée de Sarawak.

J'ai tramé quelques intrigues, je l'avoue, pour être invité chez cette presque invisible impératrice, que je rêve de voir à cause de son invisibilité même.

Et j'ai réussi, car je tiens entre mes doigts une grande enveloppe à moi adressée, au revers de laquelle je reconnais les armes impériales : cette sorte de rosace, simple et étrange, qui orne les monnaies, le faîte des monuments publics, le voile des temples, et qui est la représentation conventionnelle du chrysanthème, — comme était, sur nos bannières de France, la représentation du lis.

Je l'ouvre, et j'en retire un carton d'un blanc

ivoire, timbré, lui aussi, d'un chrysanthème héraldique d'or et encadré d'une fine guirlande de chrysanthèmes ordinaires à feuillages d'or. L'aspect de cette invitation fait, à lui seul, présager quelque chose de rare et d'exquis. Au milieu, il y a naturellement un indéchiffrable grimoire, qui est disposé en petites colonnes verticales et dont la lecture, au rebours de toutes nos notions, doit être faite de haut en bas.

Cela signifie : « Par ordre de Leurs Majestés l'empereur et l'impératrice, j'ai l'honneur de vous inviter à venir au jardin du palais d'Akasaba voir les fleurs de chrysanthème.

Signé : » Hito Hirobouni, ministre du palais.

» Le 4ᵉ jour du 11ᵉ mois de la 18ᵉ année Mesgi (9 novembre). »

Et un second carton, plus petit que le premier, porte ces indications pratiques : « Les voitures devront entrer par la porte Impériale. S'il pleut le 9, la fête sera le 10 ; s'il pleut le 10, la fête sera supprimée. »

C'est à Yeddo, cela va sans dire, qu'il faudra se transporter pour voir cette fête des chrysanthèmes, qui est de tradition antique. Avec la fête des cerisiers en avril, c'est la seule occasion où l'impératrice puisse être aperçue, et seulement par un petit nombre de privilégiés, au fond de ses jardins. Il y a peu d'années encore, paraît-il, elle vivait aussi invisible qu'une vraie déesse ; lorsqu'elle devait quitter l'enceinte immense du palais d'Yeddo pour se rendre dans quelqu'un de ses parcs éloignés à la campagne, on enveloppait de longs voiles violets sa chaise à porteurs en laque d'or, et des valets couraient devant pour faire fermer sur son passage les portes et les fenêtres.

Le 9 novembre, au matin, il fait, hélas! un temps d'automne gris et sombre ; le ciel est tout d'une pièce. Et vers midi, comme j'arrive à Yeddo, par le train d'Yokohama, en belle toilette pour la souveraine, de premières gouttes de pluie commencent à tomber, lentes, fines, très inquiétantes. Yeddo est bien laid et bien triste par un temps pareil. Aucun indice nulle part de cette chose presque féerique qui va peut-être se passer à deux pas d'ici dans un moment : une fête de fleurs, présidée par une impératrice du Japon, au milieu de très mystérieux jardins. Non, rien qui y prépare les yeux ni l'esprit. Toujours cette même succession de vilaines petites rues boueuses, noirâtres, pareilles, au milieu desquelles me roulent deux coureurs de louage. Dans quelle direction est-il même, ce palais d'Akasaba où je leur ai dit de me conduire? Je l'ignore complètement, je ne l'ai jamais aperçu dans mes promenades (c'est si grand et si délayé, ce Yeddo!). — Du reste on s'est peut-être efforcé de le dissimuler, lui aussi, de le rendre invisible comme les personnes qui le hantent : il me fait l'effet maintenant d'un lieu à moitié chimérique. Nous franchissons des terrains vagues, des cloaques, des fossés où les lotus sont déjà jaunis et fripés par le vent du Nord, des enceintes de remparts bas ressemblant à des murs cyclopéens qui, je ne sais pourquoi, coupent la ville. Et nous croisons des passants crottés, vêtus tous de piteuses robes en coton bleu qu'ils retroussent sur leurs jambes nues. En somme, un Japon maussade et banal, que j'ai déjà vu cent fois, et qui prend un air pleurard encore plus ennuyeux sous la pluie..., car je crois qu'elle tombe, l'affreuse pluie décidément.

« *S'il pleut le 9, la fête sera le 10.* » — Allons, il pleut, c'est incontestable ; il pleut même à verse à présent. Inutile de se faire conduire au palais ; d'ailleurs je suis déjà trempé, plus du tout présentable. Mais que devenir ? On ne peut vraiment pas aller rôder dans les maisons-de-thé en grand uniforme !... Mes coureurs rabattent sur moi la capote de mon petit char, ils endossent leur manteau en paillasson qui leur donne l'air de porcs-épics, — et je rebrousse chemin, sous un vrai déluge, pour aller demander l'hospitalité à quelques amis de la légation de France, en attendant l'heure de reprendre la route d'Yokohama par le train du soir.

Ils habitent, ces amis, dans des maisons japonaises. Et ma journée se passe, chez l'un ou chez l'autre, à causer et à attendre, en séchant devant leurs réchauds de bronze ma tenue de gala toute mouillée. Elles sont mortelles, ces habitations japonaises, par une pluie de novembre : bien basses de plafond ; bien isolées de la rue par de bizarres jardinets sans fleurs, tout en petites pelouses et en petits rochers ; bien mesquines et toujours divisées, par des panneaux de papier à glissières et à trucs, en une série de pièces lilliputiennes, de plus en plus sombres à mesure qu'on s'éloigne de la véranda par où vient la lumière. Et une si triste lumière ! Un demi-jour terne, blafard, glacial, filtrant à travers ces carreaux de papier qui font l'office de vitres. Naturellement, on ne distingue rien du dehors à travers ces carreaux-là, — mais on l'aime encore mieux, je crois, que de voir tomber toute cette eau sur les petits tertres ruisselants, sur les ravins en miniature, les petits ponts de poupée, les petits arbres, toutes les mièvreries du jardin.

En vérité, ces nattes blanches sur le plancher vous font geler, — et aussi ce bois blanc partout, ces minces murailles de papier blanc, cette absolue nudité du gîte. Alors on s'assied bien près, bien près du grand réchaud lourd, qui pose sur un trépied de laque et dont les anses représentent des monstres : à-dedans brûle un charbon provenant d'un arbre spécial, qui a la propriété de ne s'éteindre jamais, mais qui chauffe sans gaieté et répand une indéfinissable senteur endormante.

Et c'est long, toute une journée passée ainsi, jusqu'à l'heure d'un train de retour qui part très tard ; c'est long surtout pour moi qui avais rêvé l'impératrice et ses chrysanthèmes. Voici même que mon désir de voir cette femme s'accroît d'une manière obstinée assez singulière, dans la séquestration de cette après-midi pluvieuse, et tandis que l'occasion unique semble m'échaper... *S'il pleut le* 10, *la fête est supprimée.* Mon Dieu, pourvu qu'il ne pleuve pas !

Le 10, le jour se lève calme, tiède, trop tiède même pour la saison, et uniformément voilé d'un crêpe gris. Pourtant le Fusiyama — (ce grand cône volcanique, solitaire, que, depuis des siècles, les Japonais dessinent au fond de tous leurs paysages), — laisse voir là-bas, tout au loin dans le ciel, sa pointe neigeuse. Et c'est un proverbe nippon que, si le Fusiyama s'est montré le matin, il fera beau jusqu'au soir.

Vers onze heures, le voile se déchire par places ; çà et là commence à paraître le vide clair, le vide bleu, — et l'espoir me revient d'être reçu par la souveraine. Du reste, à la gare d'Yokohama, au départ de midi, il y a quelques diplomates en habit et cravate blanche (ministres des légations européennes), et quelques dames en toilette de visite parée : des invités à la fête, qui ont confiance, eux aussi, dans le beau temps et qui se rendent.

Une heure de chemin de fer, en compagnie d'une belle et charmante ministresse, presque française, qui, par flatterie pour l'impératrice, a orné son manchon en peau d'oiseau rare d'un bouquet de chrysanthèmes bruns, jaunes et violets, assortis aux trois tons de sa robe de velours. Et nous débarquons à Yeddo par un radieux soleil d'automne, qui brille maintenant dans un ciel sans nuages.

Et comme l'aspect des choses est changé depuis hier ! Tout ce peuple, qui ne verra rien de la fête mystérieuse des grands, fait aujourd'hui la sienne dehors, sous la belle voûte bleue d'où l'eau ne tombe plus. Le long des rues pleines de monde, il y a une foire sans fin étalée par terre, des bonbons, des moulins à vent, d'inimaginables jouets, des masques de monstres ou des masques de renards sacrés. Et des chrysanthèmes, des chrysanthèmes partout ! Les petits enfants innombrables, joyeux dans leurs belles robes bigarrées, se promènent par troupes en se donnant la main. Les diaboliques saltimbanques s'agitent sur des tréteaux, au son des gongs, des claquebois et des flûtes. Les boutiques ont déployé au vent leurs oriflammes multicolores, leurs dragons rouges, leurs chimères bleues, leurs affiches extravagantes hissées sur de longs bambous ; l'air est plein de découpures et de bariolages, en étoffe ou en papier, qui s'agitent et flottent. Et toujours des chrysanthèmes : des chrysanthèmes en gerbes roses dans des vases de bronze ; des chrysanthèmes en guirlandes blanches devant des maisons ; des chrysanthèmes entre tous les petits doigts et dans tous les chignons des *mousmés* rieuses...

Mais comme c'est loin, ce palais d'Akasaba, où

nous allons! Mes coureurs s'essoufflent, et nous n'arrivons pas. Les rues se succèdent, et les foules compactes, et les grouillements humains sur les places; puis viennent des endroits tranquilles, des terrains déserts, des étangs, des avenues ombreuses; — et de nouveau des rues, du monde, des chrysanthèmes, des saltimbanques, d'assourdissantes musiques...

Et, enfin, dans un quartier où je n'étais pas venu, sur une hauteur isolée, nous voici en face d'une muraille basse, grise et triste, inclinée en dedans comme un solide rempart, et indéfiniment prolongée dans le lointain comme une enceinte de ville. Il paraît que c'est là.

Sans doute, il est bien bas, lui aussi ce palais, bien écrasé, pour qu'on n'en puisse rien voir d'où nous sommes. Des cimes de vieux arbres dépassent seules ces murs; cela semble quelque grand bois sacré un peu funèbre, fermé aux yeux profanes.

Une porte sinistre peinte en noir et surmontée d'une toiture grimaçante dont les angles ébauchent vaguement des formes de monstres : c'est la *porte impériale.* Elle nous donne accès dans une grande cour dallée, une espèce de place plutôt, où un silence subit succède à la clameur de la ville, et où plane je ne sais quelle imposante et oppressante tristesse. Il y a là des gardes, vêtus comme nos huissiers ou nos suisses, qui s'empressent effarés, qui courent sans faire de bruit; il y a des chevaux de selle tenus en main par des laquais, il y a quelques équipages sombres et corrects, ayant amené des princes ou des ministres. On sent qu'une agitation règne sous ce silence, mais on dirait quelque deuil qui se réunit, quelque mystère qui se prépare, plutôt qu'une fête et une fête de fleurs.

Aucun luxe aux abords de l'immense résidence. Le « palais », — si palais il y a, — qui occupe le fond de cette cour, ressemble à n'importe quelle maison japonaise, ni plus haut, ni moins simple, — plus étendu seulement, couvrant en longueur beaucoup d'espace.

A l'entrée, des laquais en livrée européenne, frac noir et gilet rouge, reçoivent les manteaux des invités, et distribuent des numéros japonais sur des petits cartons. Et puis il faut passer individuellement devant une table glaciale, à tapis vert, autour de laquelle sont assis des intendants qui examinent les invitations et les cartes de visite des invités; ils les examinent d'un œil défiant, — sans cesser toutefois d'être courtois, — et les confrontent avec un grimoire écrit à l'encre de Chine, en colonnes sur le papier de riz : évidemment, la liste des élus, — qui, du reste, n'est pas longue. Eh bien, il n'est pas accueillant, ce seuil impérial; on y sent tout de suite que la demeure, jadis plus fermée que les cloîtres et les sérails, n'a pas encore beaucoup l'habitude de s'ouvrir.

Dans des couloirs étroits et bas, qui viennent après, nous nous trouvons maintenant une quinzaine errant à la file, avançant avec hésitation : deux ou trois habits brodés d'amiraux chefs de stations navales, et des habits noirs de princes japonais ou de plénipotentiaires européens. Par gestes, des officiers du palais nous indiquent la direction à suivre : tout droit devant nous. Et lentement, nous marchons comme à la découverte.

Le palais d'un empereur du Japon ! Quel rêve d'originale splendeur ce seul mot est capable d'évoquer dans bien des imaginations parisiennes !... Je suis déjà trop japonisant, moi qui y pénètre aujourd'hui, pour m'illusionner sur ce point; j'ai déjà vu dans ce pays des habitations seigneuriales, et je sais en outre que le culte shintoïste, dont le Mikado est grand prêtre, recommande la simplicité, attache même au modeste bois naturel une idée religieuse toute particulière. Cependant cet idéal de nudité dépasse encore mon attente : des montants de bois blanc tout uni, des panneaux de papier uni tout blanc, — et rien nulle part, rien, absolument rien.

Mais la propreté, la simple propreté, poussée à ce point extrême, constitue à elle seule un luxe ruineux, dont l'entretien est presque inexplicable. Tous ces bois qui sont sans une sculpture ni une moulure, menuisés à arêtes vives avec une précision d'horlogerie, paraissent n'avoir jamais subi l'attouchement d'une main humaine; ils ont cette teinte vierge toute fraîche, qui s'altère si vite, même au seul contact de l'air. Tous ces plafonds, tous ces panneaux, sur lesquels on chercherait en vain la trace d'une promenade de mouche, sont faits d'une seule grande feuille de papier blanc, tendue sans un pli, collée sans une tache, par je ne sais quels incomparables tapissiers d'une espèce inconnue chez nous. Et par terre, sur ces nattes fines qui ne sont ni teintes, ni ouvrées, il semble que personne n'ait jamais marché. Combien de fois par an faut-il renouveler toutes ces choses, et les choisir entre mille, pour obtenir cet effet d'immaculée blancheur?...

Les étroits couloirs se prolongent, toujours pareils; de distance en distance, quelque châssis entr'ouvert laisse voir un appartement vide, — un compartiment plutôt, — à parois de papier, où tout est de la même nudité absolue. Et vraiment, *si on ne savait pas,* jamais on ne devinerait dans quel lieu très particulier défilent nos habits brodés et nos habits noirs.

Cependant voici une première apparition quasi fantastique, qui nous donne l'éveil : au milieu de cette monotonie blanche, par l'ouverture d'un de ces minces châssis, se montre tout à coup une petite créature vieillotte, une fée sans doute, éblouissante comme un colibri, dans un costume qui est une quintessence d'étrangeté. Toute petite, parcheminée, ridée, extraordinaire dans sa laideur comme dans son luxe d'un autre monde, elle est quelque princesse probablement, — ou bien une dame d'honneur. Elle porte la tenue de cour, qui doit remonter à plusieurs siècles. Ses cheveux gommés sont éployés en éventail autour de sa plate figure aux yeux bridés et presque morts. Elle a des culottes en soie lourde, d'une pourpre magnifique; des culottes très bouffantes qui s'extravasent par le bas en gigantesques « pieds d'éléphant »; — et un long camail à la prêtre, d'un vert réséda qui change et chatoie, tout semé de chimères multicores, dont les reflets sont comme ceux des gorges d'oiseaux-mouches.

On la regarde et on l'admet sans surprise, parce qu'*on sait où l'on est* : dans le lieu du monde le plus raffiné peut-être et le plus rare, malgré sa simplicité voulue, qui n'est qu'un masque. Évidemment ce palais, derrière ses derniers et plus profonds panneaux de papier, doit recéler des hôtes étonnants et de merveilleuses richesses.

Elle se joint à nous, la vieille petite fée, mystérieusement souriante, après un gentil salut presque ironique. Et ensuite il en surgit une autre, — et une autre encore ; leurs soies, qui sont splendides, qui sont des merveilles orientales, ont des nuances et des éclats différents ; des éclats qui, dès qu'elles se rapprochent, semblent s'exaspérer par contraste, si l'on peut dire ainsi, et devenir métalliques, presque lumineux.

Et puis elles sont jeunes, ces deux dernières, — et même jolies, ce qui est assez rare pour des Japonaises.

Tiens ! l'une d'elles, que, sans son gracieux sourire, je n'aurais pas reconnue dans sa tenue de cour, est la « comtesse Inouyé, » la femme du ministre des affaires étrangères ; je ne l'avais vue qu'au bal, dans une toilette parisienne violet mourant à longue traîne, qu'elle portait du reste avec une aisance du meilleur aloi... Et l'autre aussi, la plus jeune, je l'ai rencontrée ! — La « marquise Nabeshima ! » Je crois même que j'ai eu l'honneur de valser une fois avec elle, un soir qu'elle portait, sans le moindre embarras, une toilette Louis XV, blanc crème, à paniers. — Mais était-ce au bal qu'elles étaient déguisées, — ou bien est-ce aujourd'hui?...

Notre troupe, qui s'est augmentée de quelques nouveaux venus, et qui est maintenant d'une trentaine de personnes à peu près, vient d'arriver, sans aventures ni encombres, dans un grand compartiment blanc, espèce de salon d'attente qui doit donner sur les jardins. Aucun meuble dans ce salon, cela va sans dire, ni aucun siège; seulement, à chaque angle, posée par terre, s'élève une incomparable potiche de Satsouma, de cinq ou six pieds de haut, dont le couvercle est surmonté d'un monstre souriant ; et sur la blancheur virginale des murs, sont jetés comme au hasard, trois ou quatre phénix d'or, envolés, qui se poursuivent.

Il est à peine deux heures et demie, et l'impératrice, nous dit-on, ne paraîtra qu'à trois heures. Les officiers du palais, qui sont là avec nous, et les petites fées aux reflets changeants, nous invitent à aller l'attendre là-bas, au fond du parc, sur certaine colline où la fête doit se passer.

Alors les panneaux de papier transparent glissent sur leurs rainures, s'ouvrent, et les jardins apparaissent. Un beau soleil tranquille les éclaire. L'enchantement commence.

Sur des écrans, sur des porcelaines, on a vu quelquefois, sans y croire, de ces sites invraisemblablement jolis, trop compliqués de lacs et d'îlots, où les perspectives et les dimensions semblent fausses, où les arbres ne sont pas verts, mais peints en nuances quelconques, comme des touffes de fleurs.

Au seuil de ce salon qui vient de s'ouvrir, nous sommes sur une hauteur, dominant la réalité de tout cela; apercevant, entre quelques branches de cèdre très rapprochées qui retombent, des jardins bas, des pelouses de velours, des rochers étranges, des ruisseaux sur lesquels passent de légers ponts courbes bombés en demi-cercle, des reflets d'eaux qui dorment sous de la verdure, des fuites profondes d'avenues qui se perdent sous bois. Çà et là, sur les pentes gazonnées, il y a des touffes de « bambous argentés » qui sont des verdures presque blanches ; des « érables rouges » qui semblent des arbres en corail, et je ne sais quelles broussailles dont le feuillage est d'un violet de scabieuse. Et, au delà de ces choses délicieusement artificielles, enfermant le tout avec un grand mystère, s'étend un vrai horizon de collines et de hautes futaies sombres, un vrai lointain qui joue la forêt et le pays sauvage. Quel étonnement que cette solitude au milieu d'une ville; quel caprice de souverain ! — Il y a un calme particulier dans ces jardins d'ordinaire impénétrables, un silence à part, une mélancolie suprême augmentée aujourd'hui par ce déclin d'automne.

En petits groupes peu espacés, nous descendons dans ces jardins bas par des sentiers qui sont recouverts, jusqu'à perte de vue, de longs courants de nattes blanches, — sans doute pour que l'impératrice, qui elle-même descendra par là tout à l'heure, n'ait pas à poser ses petits pieds par terre, même sur ce sable très fin. Deux ou trois nouvelles fées, vêtues d'autres couleurs sans nom, sont sorties derrière nous et ferment la marche : il doit y en avoir évidemment beaucoup du même beau plumage, dans ce palais de bois blanc et de papier qui est leur quartier général. Nous sommes maintenant une quarantaine, — et ce sera tout, la liste est close. C'est du reste très peu, quarante personnes perdues dans ces grands jardins aux solitudes de forêt. Nous avançons presque en cortège, en troupeau de moutons, involontairement tassés, plusieurs d'entre nous ignorant où nous allons et en quoi la fête consiste.

A tous les carrefours où nous pourrions nous égarer, quelqu'un de ces laquais à gilet rouge, qui sont légion, se tient pour nous indiquer quelle route il faut suivre, quelles allées il nous est interdit de prendre. Et devant certaines parties du parc, devant certaines avenues que nous ne devons probablement pas regarder, il y a de grands voiles noirs tendus, masquant tout; de grands voiles noirs en crêpe, à bords blancs, comme des ornements de deuil.

Il fait presque chaud sous ce soleil de novembre, qui éclaire d'une lumière douce très pure et cependant un peu atténuée...

Nous stationnons à un rond-point sablé, autour duquel s'élèvent des constructions légères en bambou, drapées et voilées de crépons de soie d'un violet tendre (couleur réservée aux souverains, comme était autrefois la pourpre en Occident) ; sur tous ces voiles lilas, des chrysanthèmes héraldiques blancs étalent leurs larges rosaces étranges.

Ce sont des expositions de fleurs. Sous ces abris et sous ces tentures impériales, il y a des collections de chrysanthèmes qui sont naturels, mais qui n'en ont pas l'air ; des chrysanthèmes merveilleux, en l'honneur desquels Leurs Majestés nous ont conviés ; de très surprenants chrysanthèmes dont rien ne peut donner idée dans nos parterres d'automne. Avec une régularité géométrique, ils sont plantés en quinconces, sur des gradins en terre que recouvre une imperceptible mousse unie et comme passée au rouleau ; chaque pied n'a qu'une seule tige, et chaque tige n'a qu'une seule fleur. — Mais quelle fleur! plus grande que nos plus grands tournesols, et toujours d'une nuance si belle, d'une forme si rare : l'une a des pétales larges et charnus, disposés de telle façon régulière qu'on dirait un gros artichaut rose ; sa voisine ressemble à un chou frisé, d'une couleur fauve de bronze ; une autre encore, du jaune le plus éblouissant, a des milliers de petits pétales minces qui s'élancent et retombent comme une gerbe de fils d'or ; il y en a qui sont d'un blanc ivoire, d'autres d'un mauve pâle, ou bien du plus magnifique amaranthe ; il y en a de panachées, de nuancées, de mi-parties... Et on se rend compte du travail qu'a coûté cette production de fleurs géantes en regardant de près les à peine visibles supports qui montent le long des tiges, se bifurquent sous les feuilles, soutenant celles qui seraient trop lourdes, ou bien pinçant et arrêtant la sève chez celles qui se développeraient trop vite.

Les petites fées aux longs vêtements de colibris regardent avec nous ces collections, mais d'un air de condescendance distraite; comme il fait plus chaud, elles agitent, ouvrent et referment constamment leurs éventails de cour, qui sont bien les plus grands éventails connus; sur les soies plissées qui les composent, sont peints des rêves très vagues, presque indicibles, des moires marines, des reflets d'eau dans des nuages, des lunes pâles d'hiver, des ombres de vols d'oiseaux qu'on ne voit pas, ou bien des pluies de pétales de pêcher emportées par le vent dans des vapeurs d'avril; à chaque angle de la monture est attaché un énorme gland à fanfreluche, avec des queues en chenille nuancée qui traînent par terre, balayent le sable fin à mesure que la dame s'évente...

Il ne faut pas s'attarder ici, nous dit-on; il faut aller plus loin, plus loin, voir d'autres fleurs plus belles, et monter sur la colline là-bas, où l'impératrice viendra, tout à l'heure, s'asseoir un instant au milieu de nous.

Nous nous engageons donc dans un chemin ombreux, entre une colline boisée de grands cèdres qui font voûte sur nos têtes, et un étang morne rempli de lotus. Les cèdres sont très vieux, très moussus ; ils ont des branches retombantes qui s'abaissent beaucoup, jusqu'à traîner sur les pelouses. On dirait un site tout à fait agreste, et voici même une rizière, une vrai rizière (celle que, par tradition antique, le Mikado doit chaque année faucher de sa propre main à l'époque de la moisson).

La colline, le plateau où l'on nous conduit, est un parterre entièrement rose de chrysanthèmes, d'où la vue plonge de tous côtés sur les lointains boisés du parc ; le lieu est délicieusement paisible ; on y oublie complètement et on n'y comprend même plus cette ville en fête, qui grouille et joue du gong partout alentour.

Sur les côtés du parterre, dans de hauts kiosques légers, et toujours à l'abri des mêmes longues soies violettes étoilées de rosaces blanches, il y a d'autres expositions de fleurs, — d'autres *fantaisies sur les chrysanthèmes*, pourrait-on dire plutôt, exécutées par des procédés différents et avec des secrets plus extraordinaires. Ici, ce sont des espèces de bouquets montés, comme ceux que l'on met dans nos vases d'église, mais d'énormes bouquets, gros comme des arbres; les pieds, au lieu de n'avoir qu'une tige, en ont bien une centaine, disposées avec la plus parfaite symétrie autour d'un tronc central; et, au bout de chaque branche, il y a une fleur largement ouverte, jamais passée, jamais en bouton, toujours au même point de son épanouissement éphémère : le même jour, évidemment, tout cela, qui a coûté tant de peine, doit se faner et finir. Et chacun de ces chrysanthèmes porte, sur une bandelette de papier, son nom écrit à l'aide de ces caractères savants qui peuvent être lus en deux langues différentes, en chinois aussi bien qu'en japonais; ils s'appellent le *dix mille fois saupoudré d'or*, la *brume de montagne*, le *nuage automnal*...

Trois heures et demie! Elle est en retard, l'impératrice. Dans certains groupes, on commence à dire qu'elle ne se montrera pas, et je sens une impatience inquiète, moi qui ne me soucie de rien que de la voir. Tout au bord de la colline où nous sommes, j'ai pris poste d'observation, je surveille les lointains des jardins bas, pour ne pas manquer l'arrivée de son cortège, le long de l'étang aux lotus, par l'allée de cèdres qui nous a amenés.

On est d'ailleurs en très agréable situation pour l'attendre, dans ce haut parterre entouré de crépons violets aux armes impériales; en tout petit nombre, dans un grand espace très gardé et mysrieux, pouvant se trier, s'isoler, on cause doucement en langues diverses, tandis que les deux musiques de la cour jouent à tour de rôle, dissimulées derrières des verdures. Elles jouent des choses qui, dans ces jardins, détonnent au moins autant que nos habits français, mais qui sont beaucoup plus jolies : cela commence par le quatuor de *Rigoletto*; ensuite c'est du Berlioz, du Massenet, du Saint-Saëns... Et elles sont excellentes, ces musiques ! Mais quel méli-mélo où l'esprit se perd... Où est-on, en réalité, à quelle époque de transition affolée, et dans quel pays chimérique? Vraiment on ne sait plus. Rien de banal, par exemple, dans cet ensemble; rien qui ne soit au contraire extrêmement raffiné et rare : dans un lieu tout à fait unique, c'est une réunion de gens disparates au dernier point, mais en somme assez choisis. C'est aussi la conjonction d'une fête annuelle avec une journée exceptionnellement radieuse ; à tant d'autres raretés qui sont là, ce beau ciel de novembre ajoute encore la sienne, — qui est une rareté mélancolique. Dans l'air tranquille, au-dessus de cette profusion de fleurs d'automne agrandies par des moyens artificiels, flottent les rêveries les plus singulières de notre musique occidentale ; — en ce moment même, c'est la *symphonie fantastique* qui commence à bruire en sourdine derrière les bambous... Et puis, planant sur toutes choses, il y a cette impression, que l'on a, d'assister au dernier éclat d'une civilisation qui va finir ; il y a ce pressentiment que, demain, ces merveilleux costumes vont rentrer dans la nuit morte des traditions et des musées, que pareil assemblage ne se reverra jamais, jamais plus [1].

---

[1] Quelques mois après, un édit impérial a supprimé l'antique tenue de cour et ordonné aux grandes dames de ne plus se montrer qu'en « costume européen, coiffées à l'américaine ». Et l'année suivante, en 1887, la fête des Chrysanthèmes s'est ap-

Comme ils sont d'une laideur inquiétante, ces princes exotiques, avec nos habits de soirée, nos claques et nos cravates blanches !

Comme elles sont exquises, au contraire, les princesses leurs sœurs, agitant leurs grands éventails de rêve ! Il en vient toujours de nouvelles, du fond de ces jardins bas que je ne cesse de surveiller, guettant toujours l'apparition de la souveraine ; elles s'avancent lentement, aux froufrous de leurs camails qui font songer aux trois robes de Peau-d'Ane ; dans le nombre, je reconnais encore quelques danseuses des bals de ministère, mais si transfigurées aujourd'hui ; non plus étriquées par nos longs corsets en gaine, mais vraiment nobles d'aspect dans leurs tenues de prêtresses ou d'idoles. Grands saluts, grandes révérences à la nipponne, qu'elles distribuent et qu'on leur rend malgré soi de la même manière, à mesure qu'elles arrivent à petits pas au milieu de nous, éblouis-

---

pelée un *garden-party* ; l'impératrice s'y est montrée en sombre costume montant, habillée par les soins d'une *première* de je ne sais quel costumier de Paris, qu'on avait mandée au Japon exprès pour la circonstance.

santes à côté de nos vêtements tristes, à côté des nuances neutres de deux ou trois ambassadrices européennes qui sont là...

Déjà le soleil baisse, il est quatre heures ; la lumière plus dorée, l'espèce de brouillard d'or rose du soir commence à descendre dans les jardins... Un mouvement parcourt tout à coup les groupes, une petite rumeur passe, puis fait place au silence. Sur un signe, l'orchestre qui jouait s'arrête au milieu d'une phrase, puis tous les instruments entonnent ensemble un chant religieux japonais, vague, lent et lugubre, comme pour une entrée d'êtres surnaturels. Et là-bas, au bout de l'allée que je regarde toujours, voici quelque chose d'éclatant qui apparaît, un groupe d'une vingtaine de femmes en costumes inouïs. Éclairées, au fond de ce lointain, par un soleil déjà rougeâtre qui décline, elles arrivent sans hâte, dans le chemin resserré entre la colline de cèdres et l'étang de lotus ; elles se détachent en masse magnifiquement colorée et lumineuse sur le rideau de ces vieux arbres sombres, et l'étang reflète, en longues traînées adoucies, le violet et l'orange, le bleu et le jaune, le vert et le pourpre de leurs toilettes de fées.

Tant que je vivrai, je reverrai cela : dans le recul profond de ces jardins, cette lente apparition, si longtemps attendue ; tout le reste de la fantasmagorie japonaise s'effacera de ma mémoire, mais cette scène, jamais... Elles sont très loin, très loin ; il leur faudra plusieurs minutes pour arriver jusqu'à nous ; vues de la colline où nous sommes, elles paraissent encore toutes petites comme des poupées, — des poupées très larges par la base, tant sont rigides et bouffantes leurs étoffes précieuses, qui ne font du haut en bas qu'un seul pli. Elles semblent avoir des espèces d'ailes noires de chaque côté du visage, — et ce sont leurs chevelures, gommées et éployées suivant l'ancienne étiquette de cour. Elles s'abritent sous des ombrelles de toutes couleurs, qui miroitent et chatoient comme leurs vêtements. Celle qui marche en tête en porte une *violette,* ornée de bouquets blancs qui doivent être des chrysanthèmes : c'est elle évidemment, l'impératrice !...

Voici qu'elles s'approchent, qu'elles s'approchent toujours ; elles sont arrivées au pied même du tertre, et elles vont commencer à gravir ; mon regard plongeant ne voit plus que les dessus de leurs ombrelles qui cachent leurs figures, et que les bouts de leurs très petites mules, uniformément rouges, qui pointent les unes après les autres en avant de leurs robes. J'entends déjà les frôlements de leurs épaisses soies, tandis que, derrière les bambous, l'orchestre continue, en *decrescendo* mourant, l'hymne pour leur entrée.

Comment va-t-elle être, cette impératrice que j'ai tant désiré apercevoir ? Je ne sais rien d'elle, si ce n'est que sa maison (les Foudjivara-Itchidjo) remonte, dans la nuit des âges, jusqu'aux dieux primitifs ; qu'elle est née un certain mois de mai, l'année même où je faisais aussi mon apparition sur la terre, au versant opposé ; et enfin qu'elle s'appelle « Harou-Ko », ce qui signifie Printemps.

Avant de parler de ses traits, je voudrais essayer de décrire un peu fidèlement la tenue de cour,—de peur qu'en me lisant on ne se représente ces belles robes japonaises, aujourd'hui si communes en France, qui sont brodées avec un goût fantasque et qui donnent aux femmes de gentilles tournures mièvres. Non, le costume de la souveraine et des nobles dames du palais n'est rien qui ressemble à cela, même de loin ; c'est quelque chose de plus simple et de plus singulier, qui les fait larges, plates, rigides, hiératiques, n'ayant plus forme de femmes. Pour définir leur silhouette qui me hante, je ne trouve que cette image : deux cornets renversés et juxtaposés, dont les pointes seraient aux épaules et dont les ouvertures très élargies toucheraient le sol. On ne sait comment appeler cet assemblage, qu'elles portent, de deux jupes séparées, une pour chaque jambe ; — deux jupes raides et bouffantes, deux cônes en soie rouge qui s'extravasent par le bas d'une incompréhensible manière. Leur camail de prêtresse, avec ses manches pagodes excessivement grandes et longues, commence depuis le haut ce pli unique, de chaque côté du corps, que continuent ensuite jusqu'à terre les deux jupes de pourpre.

Si ces jupes sont toujours rouges (par étiquette,

comme les souliers), les camails, au contraire, varient de couleur à l'infini. Et quelles couleurs ! Des amaranthes, des jaunes capucine, des bleus turquoise, des verts à reflets de cuivre, des grenats qui paraissent recéler du feu ; puis des teintes sans nom, d'une intensité extrême, ou bien d'une pâleur effacée, presque fuyante. Et tous ils sont semés, tigrés, si l'on peut dire, de larges taches régulières, d'un merveilleux éclat, qui semblent de grands yeux sur des ailes de papillons, qui semblent *regarder* comme des prunelles louches. Ces taches rondes sont symétriques et de même dimension sur tous les camails, mais varient, pour chaque dame, de nuance et de dessin : examinées de près, elles représentent des oiseaux aux plumes étalées en cercle, ou des chimères enroulées sur elles-mêmes la tête au milieu, ou bien encore des feuilles d'arbre groupées en rosaces ; — et elles sont les armoiries des nobles et antédiluviennes familles.

Et cette coiffure en ailes entr'ouvertes, qui l'a imaginée, d'où leur est-elle venue ? Aucun nœud, aucune coque, aucune épingle piquée, rien qui puisse rappeler, sur ces têtes de princesses, le chignon si connu des Japonaises ordinaires. Elles font, avec leurs cheveux gommés, quelque chose qui ressemble à un très plat et très large bonnet de sphinx égyptien en laque noire et qui se termine derrière par un long catogan, par une queue à la chinoise...

Elle est tout près, l'impératrice; elle va passer. Tous ses invités s'inclinent profondément sur sa route; les seigneurs japonais sont cassés en deux, dans leurs habits noirs, les mains à plat sur les genoux, la tête penchée vers la terre; les Européens sont courbés en salut de cour... La grande ombrelle violette, délicieusement brodée de chrysanthèmes en relief, s'est soulevée et je l'ai aperçue... Son petit visage peint m'a glacé et charmé.

Elle passe devant moi, à me frôler, me jetant sur la poitrine son ombre, que j'aurais aimé conserver comme une chose très rare. Je l'ai bien regardée, et elle est du tout petit nombre des femmes auxquelles convient, dans son acception la plus raffinée, l'épithète *exquise*.

Exquise et étrange, avec son air de froide déesse

qui regarde en dedans, qui regarde au delà, qui regarde on ne sait où ; exquise avec ses yeux à peine ouverts; tout en longueur comme deux obliques lignes noires et très distants de ces deux autres lignes plus minces qui sont ses sourcils. Un sourire inexpressif de morte entr'ouvre ses lèvres carminées sur ses dents blanches. Son petit nez transparent est à demi courbé en bec d'aigle, et son menton s'avance, impérieux et dur.

Son costume ne se distingue pas de celui des dames de sa suite; les ailes de sa coiffure sont peut-être plus larges encore et son catogan plus long, parce que ses cheveux sont plus beaux ; mais seules les couleurs de son ombrelle et les taches de son camail indiquent, pour qui connaît le blason japonais, qu'elle est la souveraine.

Et cependant, même sans cela, je l'aurais reconnue entre toutes, à un charme dominateur que les autres n'ont pas.

Elle est de petite taille; elle marche d'une façon rythmée, dans la religieuse raideur de ses vêtements qui ne laissent rien deviner de sa forme délicate; la main que l'on aperçoit, celle qui tient l'ombrelle violette, est comme une main d'enfant ; l'autre est cachée sous la rigide manche pagode, si longue, presque traînante. Dans nos pays, avec nos notions sur les apparences des âges, on lui donnerait de vingt-cinq à vingt-huit ans.

Au premier rang, à côté d'elle, en un costume à peu près pareil, passe « mademoiselle Nihéma. » L'interprète, celle qui une fois, à certain bal où j'avais invité à danser une princesse qui ne comprenait pas, m'avait répondu à sa place dans un français bizarrement grave. Par contraste, elle a l'expression très vivante, celle-ci ; elle roule de droite et de gauche, sur les invités, ses yeux intelligents et vifs, — tandis que l'impératrice garde son sourire figé et s'avance impassible, saluant légèrement de la tête tous ces gens courbés qu'elle semble à peine voir.

Parmi ces femmes qui suivent en silence, dans un tel éclat de soieries, il y a de bien extraordinaires figures ; quelques laideurs extrêmes, mais jamais déplaisantes ni banales, distinguées toujours. Toutes sont blanches et roses, grâce à d'épaisses couches de poudre nuancées habilement ; mais on devine que là-dessous leur peau doit être fine et jolie. Comme, du reste, elles sont de caste noble, leur teint naturel doit différer assez peu du nôtre...

C'est très vite passé, ce petit cortège, malgré la lenteur de la marche. Je ne vois déjà plus que les dos magnifiquement mouchetés des dames et leurs longs catogans noirs, qui s'éloignent, — au son d'une musique toujours plaintive et inconnue, jouée par les orchestres cachés.

Elles vont, disent les initiés du palais, faire le tour des plates-bandes de chrysanthèmes, par l'allée extérieure tapissée de nattes à leur intention. Alors, pour les revoir de près une seconde fois, je coupe à travers les massifs fleuris, par un petit sentier de jardinage, et m'en vais les attendre là-bas, du côté opposé.

A l'autre angle du parterre, l'impératrice passe encore près de moi, de sa même allure cadencée, posant tranquillement l'une après l'autre sur les nattes blanches ses petites mules rouges. — Son sourire s'est accentué, mais sans s'adresser davantage à personne. Demi-déesse, elle sourit sans doute à l'ensemble des êtres et des choses, à la belle journée qu'il fait, aux belles fleurs qui, pendant l'automne, s'épanouissent sur la terre... Et les mêmes petites fées silencieuses la suivent, souriant aussi dans le vague...

Il y a là, un peu plus loin, dans la direction qu'elles ont prise, un très vaste kiosque, qui est drapé, comme les autres, de crépons violets aux armes impériales et que soutiennent de gros piliers, garnis de chrysanthèmes naturels piqués dans de la mousse. Il paraît que nous devons y entrer avec elles.

Une table d'une quarantaine de couverts y est dressée, sous les soies retombantes ; elle est servie à l'européenne, chargée d'argenterie, de coupes à champagne, de pâtés de gibier, de pièces montées, de sorbets, de fruits et de fleurs. L'impératrice y prend place, au bout, sur un siège haut drapé de lampas rouge, les princesses autour d'elle; et nous ensuite, les invités, au hasard des chaises que les valets nous présentent. Alors l'orchestre cesse de gémir sa marche lente et entonne une mélodie italienne qui nous fait reprendre pied dans le monde connu, — tandis qu'une quantité de petits êtres à figure jaune, à livrée noire et rouge, surgissent des fonds du kiosque, s'empressent autour de nous avec des légèretés d'oiseau, des obséquiosités d'esclave, découpant les faisans truffés, servant les vins, les bombes glacées, les gelées et les petits-fours.

Pendant la demi-heure que dure ce lunch, mes yeux restent fixés sur l'impératrice. D'où je suis placé, je la vois de face, plus pâlie encore et plus mystérieuse, dans la pénombre que jettent sur elle les draperies violettes armoriées de chrysanthèmes. Son visage s'est animé; elle a un peu plus l'air de regarder les choses réelles, de s'intéresser à notre monde visible. Du bout de ses tout petits doigts, elle fait de temps en temps mine de prendre sa fourchette pour piquer un bonbon, ou bien elle porte sa coupe de champagne à ses lèvres invraisemblablement rouges. Parfois aussi, quand quelque chose que je ne puis saisir l'étonne ou la contrarie, son expression change tout à coup; son sourire persiste, mais, pendant un inappréciable instant, une contraction nerveuse pince son petit nez d'aigle, ses yeux deviennent ironiques, ou durs, ou cruels; ils lancent un commandement bref, un éclair glacé. Et elle est plus charmante alors, et plus femme.

Que d'étonnements et de froissements il doit y avoir encore pour elle, au milieu de ce vertige qui entraîne son pays vers des choses nouvelles et inouïes, après des millénaires d'impénétrable immobilité! Dans son enfance, elle a été sans doute, comme les impératrices anciennes, une espèce d'idole cloîtrée qu'on ne pouvait regarder sans sacrilège; au palais même, ses serviteurs se jetaient la figure contre terre sur son passage. Et maintenant, emportée comme le Japon tout entier par ce bouleversement sans nom, elle est obligée de se laisser voir par nous, de nous regarder aussi, de nous sourire, de nous admettre à sa table. Qui pourra jamais sonder quelles terribles révoltes d'orgueil en notre présence, ou quelles timidités sauvages peut-être, se cachent sous ce petit masque poudré et souriant de déesse en train de déchoir!...

« Mademoiselle Nihéma », la noble interprète, est déléguée, dans le courant du repas, pour aller appeler à tour de rôle et amener devant le fauteuil impérial les quatre ou cinq Européennes conviées à cette fête (femmes des ministres de France, d'Angleterre, d'Allemagne, de Belgique, et de Russie). Elles se tiennent un moment debout près de la souveraine, qui les interroge d'une voix à peine perceptible.

« Mademoiselle Nihéma » traduit en français, avec son accent d'une bizarrerie distinguée : ce sont de ces questions stupéfiantes de naïveté voulue, comme les fées d'autrefois en devaient faire aux mortelles qui s'aventuraient sur leurs domaines. (Cette phrase que je viens d'écrire n'a guère de sens que pour moi-même, j'en ai peur, mais elle exprime si bien l'impression que ces causeries m'ont laissée!)

« L'impératrice demande si vous vous plaisez au Japon?

« L'impératrice demande si vous aimez les fleurs de nos jardins?

« L'impératrice désire que vous vous trouviez heureuse dans son pays. »

Mon Dieu! que dire autre chose, entre femmes

de races si différentes, n'ayant peut-être pas, dans tout le domaine des idées et des sentiments, un seul point de contact? Pendant que s'échangent ces niaiseries d'enfant, elle sourit, l'impératrice, d'un air très fin et assez doux. Avec une curiosité féminine, — et déjà, hélas! avec un vague dessein de copier cela bientôt pour elle-même, — elle examine de haut en bas la toilette de la dame étrangère; — puis la congédie d'un signe de tête condescendant, d'un petit salut qui agite les deux ailes noires de sa chevelure... Et « mademoiselle Nihéma », avec de grands froufrous d'étoffes lourdes, s'en va chercher la dame suivante.

Cependant l'air, qui a été chaud tout le jour, se refroidit; un petit souffle de soir d'automne remue les tentures du kiosque et nous fait frissonner légèrement. La table est d'ailleurs en désarroi; les pièces montées sont en déroute et les pâtés aussi. C'est la fin. L'impératrice se lève, ouvre sa grande ombrelle violette, bien qu'il n'y ait presque plus de soleil, reprend son air d'impassible bouddha, et se retire suivie du même cortège, — au son du même hymne recommencé derrière les bambous pour sa sortie. Aux rayons rougeâtres du couchant, la mystérieuse cour s'éloigne, reprend, à travers les jardins bas, ce même chemin bordé de cèdres sombres par où elle nous était arrivée il y a une heure, si éclatante de soieries et de soleil.

Demain, ces jardins s'ouvriront encore une fois, pour une fête de second ordre. Tous les hauts fonctionnaires d'Yeddo viendront regarder après nous les fleurs un peu moins fraîches des chrysanthèmes et luncheront à cette même table ; mais, pour eux, l'impératrice ne se montrera pas. Jusqu'au jour des cerisiers fleuris, en avril prochain, on ne la verra plus.

Il ne nous est même pas permis aujourd'hui de suivre de trop près son cortège ; il faut rester là et attendre respectueusement, pour partir, qu'elle soit rentrée chez elle, qu'elle ait repris son invisibilité de mythe religieux.

Encore quelques dernières et suprêmes minutes à l'apercevoir là-bas, elle et sa suite. Vues de dos dans le lointain, toutes ces femmes, avec leurs camails semés d'yeux, avec leurs manches pagodes retombant jusqu'à terre droites et symétriques de chaque côté du corps, semblent de grandes et merveilleuses phalènes crépusculaires à tête noire, qui s'en iraient tout debout, les ailes pendantes, les ailes au repos.

L'orchestre achève maintenant l'hymne japonais qu'elles sont trop loin pour entendre, et sans transition, presque sans arrêt, commence un air sautillant du *Petit Duc* qui tombe en douche moqueuse sur cette fin de fête, qui sonne ironiquement le réveil après le rêve. C'est aussi le signal d'une détente générale : tout le monde, à cet air là, élève la voix en causeries quelconques longtemps retenues; entre hommes maintenant, princes japonais ou diplomates européens, on met au pillage le buffet, redemandant de tout. Et les lestes petits valets à gilet rouge apportent à profusion ce que l'on veut, champagne, glaces ou liqueurs; font même circuler à présent d'excellents cigares, qu'on allume en fredonnant malgré soi la ritournelle émoustillée de l'orchestre...

... Quand je serai de retour dans mon pays,

j'écrirai quelque part combien je l'ai trouvée *exquise*, cette impératrice. Peut-être, qui sait, mon hommage lui reviendra-t-il longtemps après, à travers les mers, traduit par mademoiselle Nihéma qui lit sans doute nos revues françaises. Et je veux qu'elle reçoive en même temps ma respectueuse protestation d'artiste contre ce projet qu'on lui prête d'abandonner son costume de déesse, — avec lequel disparaîtra tout son singulier prestige. Ce sera, du reste, le seul moyen que j'aurai de faire pénétrer jusqu'à elle une de mes pensées...

... Ils sont bien beaux, à cette heure ici, les jardins d'Akasaba; ils ont quelque chose de magique, à travers la brume rosée du crépuscule, ainsi éclairés avec de grandes oppositions d'ombre et de lumière. Dans des bas-fonds obscurs, des kiosques qu'on aperçoit enfouis sous des cèdres prennent des aspects de petites demeures surnaturelles, et dans les parties encores claires, sur les hauteurs, les arbustes à feuillages rouges et les arbustes à feuillages violets exagèrent leurs teintes, jusqu'à la complète invraisemblance des paysages peints.

Puis voici que tout à coup le soleil, promenant un dernier rayon oblique dans ce lointain assombri où l'impératrice est déjà rendue, rencontre encore une fois son petit cortège et l'illumine en plein d'une lueur absolument pourprée. — C'est l'adieu par exemple ; aussitôt tout s'éteint ; puis, à un tournant, sous les grands arbres, déjà dans le noir, le cortège disparaît pour jamais.

Et c'est aussi un lambeau du vrai Japon qui vient de s'évanouir là, à ce tournant de chemin, qui vient d'entrer dans l'éternelle nuit des choses passées, — puisque ces costumes, ni ce cérémonial, ne se reverront plus...

Nous nous en allons, nous aussi, à travers les jardins déjà pleins d'ombre, qui semblent s'agrandir avec l'obscurité, où il fait froid et où nous nous sentons une petite troupe plus perdue.

Dans les couloirs du palais, étroits comme des souricières, qu'il faut retraverser pour sortir, il fait nuit close, et on n'a pas prévu l'éclairage. A la porte, au vestiaire où nous reprenons nos manteaux, c'est le tohu-bohu quelconque d'une fin de fête européenne; quelques dames d'honneur sont là, encore en costume de cour, mêlées aux invités qui s'en vont; plus rien d'officiel dans leur manière : on dirait des personnes déguisées pour jouer les phalènes et les bombyx dans une féerie; l'impératrice disparue, elles rient, saluent, tendent la main aux uns ou aux autres avec l'aisance américaine.

Nous reprenons nos voitures; nous repassons la porte noire et l'épaisse muraille grise, et nous voici hors de la prison immense des empereurs.

Yeddo, alentour des longs murs d'Akasaba, vient d'allumer ses milliers de lanternes peintes et continue plus fort que jamais son bourdonnement des soirs de fête.

Une heure de course échevelée là-dedans pour arriver à la gare. Des cris, des collisions, des cahots. Il y a de tout sur ma route, du vieux Japon encore extraordinaire, et du nouveau Japon ridicule; il y a jusqu'à des tramways, des sonnettes électriques, des chapeaux à haute forme et des macfarlanes.

Mais je traverse ces choses sans beaucoup les

voir, ayant encore dans les yeux l'impératrice et son cortège. Pour la première fois de ma vie, je sens une sorte de regret vague en songeant à cette disparition prochaine et complète d'une civilisation qui avait été si raffinée pendant des siècles. Et, à ces impressions, s'ajoute cette mélancolie, — oh! très passagère, je le sais d'avance, mais réelle tout de même, sincère au premier moment, — cette mélancolie qu'on éprouve toujours lorsqu'on a concentré pendant quelques heures toute son attention captivée, toute sa curiosité charmée sur une femme mystérieusement attirante, et qu'il faut se dire que c'est complètement fini dans le présent et dans l'avenir, qu'on ne verra ni ne saura plus rien d'elle, qu'il y a sur son visage un voile baissé pour toujours.

FIN

TABLE

KIOTO, LA VILLE SAINTE	1
UN BAL A YEDDO	77
EXTRAORDINAIRE CUISINE DE DEUX VIEUX	107
TOILETTE D'IMPÉRATRICE	117
TROIS LÉGENDES RUSTIQUES	149
LA SAINTE MONTAGNE DE NIKKO	153
AU TOMBEAU DES SAMOURAÏS	259
YEDDO	271
L'IMPÉRATRICE PRINTEMPS	309

Imprimeries réunies, B, rue Mignon, 2

www.ingramcontent.com/pod-product-compliance
Lightning Source LLC
Chambersburg PA
CBHW050538170426
43201CB00011B/1469